EL PADRE QUE INTENTARON BORRAR

EL PADRE QUE INTENTARON BORRAR

MEMORIAS

LA BATALLA SILENCIOSA QUE NADIE QUIERE ESCUCHAR

COOPER THOMAS

Cooper Thomas
El padre que intentaron borrar
Memorias
LA BATALLA SILENCIOSA QUE NADIE QUIERE ESCUCHAR

Publicado por Spines Publishing Platform

ISBN: 979-8-90549-644-8

Spines

INTRODUCCIÓN

"Para el lector que necesita saber que no está solo."

Este no es un libro sobre ganar. Es un libro sobre resistir. No es un libro sobre la perfección. Es un libro sobre un amor que se niega a morir. No es un libro sobre el sistema, las acusaciones ni las personas que intentaron reescribir la verdad. Es un libro sobre un padre que se mantuvo firme cuando todo a su alrededor intentó quebrarlo.

Si eres un padre o una madre que lee esto, alguien a quien han apartado, silenciado o borrado, quiero que sepas algo antes de pasar a otra página. No estás solo. Tu dolor es real. Tu confusión es real. Tu agotamiento es real. Tu amor es real. Y tu historia importa.

Si eres un hijo que está leyendo esto, alguien que creció oyendo una sola versión de la verdad, quiero que tú también sepas algo. Tu corazón recuerda más de lo que a tu mente se le permitió recordar. Y si eres mi hija, si alguna vez tus ojos se posan sobre estas palabras, quiero que sientas esto en el alma: nunca fuiste abandonada. Nunca fuiste desamada. Nunca fuiste olvidada.

Este libro no está escrito desde la ira. Está escrito desde la esperanza. Esperanza de que la verdad se alce. Esperanza de que el amor sobreviva. Esperanza de que las familias rotas puedan sanar. Esperanza de que un día me veas con claridad.

Soy chef de oficio. Soy padre por vocación. Soy un

sobreviviente por fe. Y esta es la historia del fuego que atravesé, del fuego que intentó consumirme, del fuego que intentó arrebatarme a mis hijas, del fuego que intentó silenciar mi corazón. Pero me quedé. Resistí. Creí. Amé.

Y ahora cuento esta historia para que tú, seas quien seas, puedas encontrar fuerza en la tuya. Porque si hay una verdad que me sostuvo en cada noche oscura, es esta: el amor es más fuerte que las mentiras, la fe es más fuerte que el miedo, y el corazón de un padre, cuando está arraigado en la verdad, no puede ser borrado.

Bienvenido al viaje.
Bienvenido al fuego.
Bienvenido a la historia de **"El padre que intentaron borrar."**

PRÓLOGO

El padre que intentaron borrar.

No me di cuenta de que estaba desapareciendo hasta el día en que mi hija dejó de decir mi nombre. No fue dramático. No hubo una puerta cerrada de un portazo, ninguna explosión en el tribunal, ningún adiós final. Fue más silencioso que eso, un desvanecimiento lento, como si alguien fuera bajando el volumen de mi existencia de a poco.

Al principio fueron las llamadas perdidas. Luego los mensajes sin respuesta. Luego las excusas. "Están ocupadas." "Quizá mañana." "Ahora mismo no tienen ganas de hablar." Y luego, un día, el silencio ya no fue temporal. Fue permanente. Fue ensayado. Fue enseñado.

Recuerdo quedarme mirando mi celular, leyendo un mensaje que no sonaba en absoluto como mi hija. El tono era demasiado cortante, las palabras demasiado adultas, la distancia demasiado deliberada. Se sentía como si alguien más hubiera tomado su voz y la hubiera usado para apartarme. Ese fue el momento en que lo sentí en el pecho como un golpe físico. Estaba siendo borrado. No olvidado. No reemplazado. Borrado. Pedazo a pedazo. Recuerdo a recuerdo. Momento a momento.

Yo seguía vivo, seguía respirando, seguía luchando, pero en la historia que se contaba sobre mí, yo ya no existía. Me había convertido en una sombra en la vida de mi propia hija, un fantasma en un hogar que una vez ayudé a construir.

Este libro es la historia de cómo sucedió eso. Es la historia de la alienación, de la pérdida, de un sistema que me miró y vio un estereotipo en lugar de a un padre. Es la historia de las noches en que me quedaba despierto, preguntándome qué mentira estarían escuchando ahora sobre mí, y de las mañanas en que despertaba decidido a no permitir que esas mentiras me definieran.

Pero también es una historia de supervivencia. De negarme a desaparecer. De abrirme paso de vuelta hacia la luz con uñas y dientes, incluso cuando todo a mi alrededor intentaba convencerme de que yo ya no importaba. Esta es mi verdad, cruda, sin filtros y largamente postergada.

Esta es la historia de "El padre que intentaron borrar."

CAPÍTULO 1
EL PADRE QUE FUI

"Antes de que el mundo me reescribiera, mis hijas sabían exactamente quién era yo."

Antes de las salas de audiencia, antes de las acusaciones, antes del silencio que vació por dentro años enteros de mi vida, yo era simplemente un padre. No un acusado. No un visitante de fin de semana. No un nombre en un calendario de custodia. Solo un padre, íntegro, presente y entretejido en la trama del mundo cotidiano de mis hijas.

En aquel entonces, mi identidad no era algo que tuviera que defender. No era algo que tuviera que probar con documentos, declaraciones juradas o testigos que dieran fe de mi carácter. Vivía en la simpleza de los momentos pequeños y ordinarios, en esos que nunca llegan a las transcripciones judiciales, pero definen una infancia. Los que importan. Los que permanecen.

Ahora, esos primeros años parecen de otra vida, casi como si le hubieran pertenecido a otra persona. Pero son la parte de mi historia que llevo más cerca del corazón, porque me recuerdan la verdad que existía antes de las mentiras. Me recuerdan que, antes de que alguien intentara reescribir quién era yo, yo sabía exactamente quién era.

Yo era el padre que se despertaba temprano solo para oír el sonido de unos piececitos sobre el suelo, ese repiqueteo suave y rítmico que significaba que mi día estaba a punto de comenzar de la mejor manera posible. Me aprendí de memoria la forma en que se les alborotaba el pelo por la mañana, salvaje y suave, como si hubieran soñado con demasiada fuerza. Todavía puedo sentir el peso de sus pequeños cuerpos trepando a mi regazo, cálidos y sin palabras, confiando en mí por completo. Ese peso, esa cercanía sencilla e instintiva, todavía vive en mi pecho como un miembro fantasma.

Yo era el padre que sabía exactamente cómo les gustaban sus panqueques: no muy dorados, no muy blandos, con el sirope servido en un circulito perfecto porque "así sabe mejor". Sabía cuál peluche tenía que estar en la cama por la noche, en qué vaso querían el jugo, qué canciones las hacían bailar en círculos hasta caer de risa, y cuáles las adormecían lo suficiente como para derretirse contra mi hombro.

Puede que estos detalles les parezcan pequeños a otras personas, pero eran el mapa de nuestra vida juntos. Eran la prueba de mi presencia, de ese tipo de presencia que ningún documento judicial puede medir, que ninguna acusación puede borrar.

Había noches en que me sentaba al borde de su cama después de que se dormían, simplemente observando el subir y bajar de su respiración. Les apartaba el cabello de la frente y pensaba: esto es lo más importante que haré en mi vida. No el trabajo. No las cuentas. No las interminables responsabilidades de los adultos. Esto. Ser su padre. Ser su lugar seguro.

Entonces no sabía lo frágil que era esa certeza.

En aquel entonces, nuestros días estaban llenos de rituales que parecían irrompibles, como las mañanas de sábado en el parque, la forma en que corrían delante de mí, volteándose a cada rato para asegurarse de que yo seguía ahí.

La forma en que sus manos buscaban las mías automáticamente cuando cruzábamos la calle, con los dedos enroscándose en los míos como si fuera lo más natural del mundo.

Recuerdo el sonido de su risa, la de verdad, la que les salía desde lo más profundo del vientre. Era la clase de risa que hacía sonreír a los desconocidos. La clase de risa que me hacía sentir que estaba haciendo algo bien y que hacía que el mundo pareciera simple.

Y recuerdo la forma en que me miraban cuando tenían miedo o estaban heridas, con los ojos muy abiertos, buscando consuelo. Recuerdo cómo sus cuerpos se relajaban en cuanto las abrazaba, como si mis brazos fueran la respuesta a cada pregunta que todavía no sabían cómo formular. Hay una clase de verdad en la confianza de un hijo que ninguna sala de audiencia puede reproducir, ninguna acusación puede falsificar.

Yo era el padre que se quedaba despierto toda la noche cuando tenían fiebre, contando respiraciones, susurrando consuelo, rezando en silencio para que llegara la mañana. Yo era el padre que pegaba con cinta los proyectos escolares a última hora, que aplaudía más fuerte en los recitales, que guardaba cada dibujo incluso cuando el refrigerador ya estaba cubierto. Yo era el padre que las llevaba en brazos cuando estaban cansadas, que se agachaba a su altura cuando estaban alteradas, que las escuchaba incluso cuando sus historias no tenían sentido, porque para ellas tenían todo el sentido del mundo. Yo era el padre que estaba presente:

Cada día.

Cada momento.

Cada vez.

Y durante mucho tiempo, eso fue suficiente. Más que suficiente.

Hubo un momento, uno que repaso a menudo, en que una de mis hijas me abrazo colgándose de mi cuello y me dijo: "Eres mi persona favorita". Lo dijo con esa clase de honestidad que solo tienen los niños, ese tipo de honestidad que no necesita explicación ni permiso. Fue simple. Puro. Verdadero.

No sabía entonces cuánto me aferraría después a esas palabras. La manera en que se convertirían en un salvavidas. Cómo me recordarían, en los momentos más oscuros, que yo importaba, incluso cuando alguien más intentó convencer al mundo de que yo no importaba.

Porque antes de que el sistema me etiquetara, antes de que el conflicto lo retorciera todo, antes de que la alienación comenzara su trabajo lento y cruel, yo era un buen padre. Un padre presente. Un padre amoroso.

Esa verdad es el cimiento de esta historia.

Es la parte que nadie puede quitarme. La parte que intentaron borrar, pero no pudieron.

CAPÍTULO 2

GRIETAS EN LOS CIMIENTOS

"El borramiento nunca comienza con la ausencia. Comienza con la duda."

Si hubiera sabido lo que venía, quizá habría prestado más atención. Quizá habría reconocido las primeras señales por lo que eran - no momentos al azar, no tropiezos normales de la crianza, sino los primeros pasos deliberados de un lento borramiento, porque la alienación no llega como una tormenta.

La alienación no se anuncia con truenos ni relámpagos. Llega como una corriente de aire bajo una puerta cerrada, sutil, sigilosa, fácil de ignorar hasta que toda la habitación está fría. Comienza en susurros, en comentarios de soslayo, en pequeños cambios que al principio parecen inofensivos. Comienza en los lugares donde debería vivir la confianza. Comienza en las grietas que no ves hasta que ya se han extendido.

Mirando atrás, las grietas estaban ahí mucho antes de que todo se derrumbara. No aparecieron en salas de tribunal ni en escritos legales. Aparecieron en las dos personas que más amaba, mis hijas. Y lo peor es que las primeras grietas no parecían grietas en absoluto. Parecía que estaban confundidas. Parecía que dudaban. Parecía que mis hijas intentaban reconciliar dos versiones distintas del mismo padre. Parecía la inocencia siendo lentamente reescrita por alguien que sabía exactamente lo que estaba haciendo.

No lo sabía entonces, pero esos momentos fueron el comienzo del desmoronamiento.

La primera grieta: palabras que no les pertenecían

Empezó con mi hija mayor. Estábamos coloreando en la mesa de la cocina, un ritual que habíamos hecho tantas veces que ya parecía memoria muscular. El olor de los crayones. El suave raspar de la cera sobre el papel. Su pequeña frente fruncida por la concentración. Era uno de esos momentos callados y corrientes que te hacen creer que todo está bien.

Entonces hizo una pausa.

Levantó la vista hacia mí con unos ojos que de pronto parecían mayores de lo que debían ser, como si cargara una verdad demasiado pesada para su edad.

"Mamá dice que solo te importas tú mismo."

El crayón se me resbaló de la mano. La habitación no se movió, pero algo dentro de mí sí, una pequeña sacudida punzante, como una fisura fina formándose en un hueso. Antes de que pudiera responder, mi hija menor intervino, casi con orgullo, como si estuviera repitiendo una frase que había ensayado.

"Sí. Mamá dijo que eres egoísta."

Ni siquiera entendía la palabra. Era demasiado pequeña. Pero la dijo con certeza, porque confiaba en la persona que se la había enseñado. Le pregunté con suavidad: "¿Creen ustedes que eso es verdad, niñas?"

Mi hija mayor se encogió de hombros, en un gesto que no le pertenecía. Mi hija menor parecía confundida, una confusión que tampoco era suya. Esa fue la primera vez que me di cuenta, de que la voz de otra persona estaba empezando a reemplazar la mía en sus mentes. Fue la primera vez que sentí la punzada de estar siendo reescrito. Fue la primera vez que entendí que su madre no solo estaba enojada conmigo. Las estaba moldeando para que también se enojaran.

La segunda grieta: el nombre que no era mío

El día en que mis hijas dejaron de llamarme papá, es un día que nunca olvidaré. No vino con una pelea. No vino con lágrimas. Vino con una sola palabra que fue como una cuchilla.

Ocurrió durante una entrega.

Mi hija mayor salió del coche, vaciló y dijo: "Hola, TJ."

Ese nombre me golpeó como un puñetazo en el pecho. No por la palabra en sí, sino por lo que significaba. Antes de que pudiera responder, mi hija menor lo repitió, más fuerte, como si estuviera orgullosa de haberlo dicho bien.

"Hola, TJ."

Forcé una sonrisa, pero por dentro, algo se quebró con tanta fuerza que me sorprende que no lo oyeran.

"¿Por qué me llaman así?", pregunté en voz baja.

Mi hija mayor bajó la mirada. "Mamá dijo que deberíamos hacerlo. Dijo que en realidad no estás actuando como papá."

Mi hija menor asintió, repitiendo la frase. "Sí. Dijo que ahora eres solo TJ."

Un nombre es más que una palabra. Es un vínculo. Un papel. Un lugar en el corazón de tu hijo. Escuchar a mis hijas arrebatarme eso, no porque quisieran hacerlo, sino porque les dijeron que lo hicieran, fue una clase de dolor que yo no sabía que existía. Fue el momento en que comprendí que su madre no estaba simplemente enojada. Era deliberada. Era estratégica. Estaba usando su influencia para borrarme de sus vidas, una palabra a la vez.

La tercera grieta: acusaciones que surgieron de la nada

La primera falsa acusación no vino de mis hijas. Vino de su madre. Un mensaje de texto. Frío. Cortante. Acusándome de algo que nunca ocurrió. Recuerdo quedarme mirando la pantalla, con las manos temblando, pensando: "¿De dónde salió esto?"

Pero lo peor no fue la acusación en sí. Fue saber que se la repetiría a nuestras hijas. Y lo hizo.

De repente, mi hija mayor me miraba de otra manera. No con miedo, todavía no, sino con incertidumbre. Como si estuviera tratando de averiguar si la persona sentada frente a ella, era la misma persona sobre la que le habían advertido. Mi hija menor no entendía los detalles, pero entendía el tono. Entendía en quién se suponía que debía confiar. De quién se suponía que debía dudar.

La alienación no empieza cuando un hijo te rechaza. Empieza cuando un hijo empieza a dudar de ti. Y la duda es un veneno que se propaga rápido. Se propaga en silencio. Se propaga a través de susurros, miradas de reojo y frases repetidas que no les pertenecen. Se propaga a través de la manipulación emocional de un progenitor, que no puede separar su propia amargura de las necesidades de sus hijos.

La cuarta grieta: las descalificaciones que se convirtieron en ruido de fondo

Empezó de manera sutil.

"Mamá dijo que mientes."

"Mamá dijo que estás enojado todo el tiempo."

"Mamá dijo que no te importamos."

"Mamá dijo que no pagaste la pensión alimenticia."

"Mamá dijo que no es seguro estar contigo."

"Mamá dijo que no eres un buen papá."

Cada frase era un pequeño corte. Por separado, dolían. Juntas, me desangraban. Mi hija mayor repetía las palabras con una seriedad que no correspondía a su edad. Mi hija menor las repetía con la inocencia de una niña que no entendía que la estaban usando como un arma.

Intenté mantener la calma. Intenté corregir con suavidad. Intenté no ponerlas en medio. Pero cada vez que cerraba una herida, otra se abría. Cada vez que les daba tranquilidad, otra mentira la reemplazaba. Cada vez que yo intentaba mostrarles amor, su madre intentaba sembrarles dudas.

Esto no era crianza compartida. Esto era sabotaje. Esto era una guerra emocional. Esto era una madre usando a sus hijas como escudos para su propio resentimiento. Esto era odio narcisista disfrazado de preocupación. Y yo no era la única víctima. También lo eran mis hijas, a quienes les estaban enseñando a temer al padre que las amaba sin condiciones.

La quinta grieta: la distancia que no tenía sentido

Hubo un día, un día simple, ordinario, en que extendí los brazos para abrazar a mis hijas y ambas dieron un paso atrás.

Solo un pequeño paso. Apenas perceptible. Pero suficiente para romper algo dentro de mí.

Mi hija mayor me miró con los ojos llenos de conflicto, desgarrada entre lo que sentía y lo que le habían dicho que debía sentir. Mi hija menor me miró, como si estuviera esperando permiso de alguien que no estaba allí.

Fue entonces cuando comprendí que la alienación no consiste solo en poner a un hijo en tu contra. Consiste en hacer que tenga miedo de amarte. Consiste en enseñarle que el afecto es peligroso. Consiste en convencerlo de que la cercanía es traición. Consiste en reemplazar su vínculo natural por el miedo.

Y ese miedo no venía de ellas. Venía de ella.

La mudanza que lo cambió todo

Pero la distancia emocional era solo el comienzo. La siguiente grieta no fue sutil. No fue silenciosa. No fue algo a lo que pudiera restarle importancia con una explicación. Fue una orden judicial.

Tennessee aprobó la reubicación. Así, sin más.

"Nos mudamos a Virginia", dijo, como si estuviera hablando de un viaje de fin de semana.

Luché contra eso. Discutí. Le rogué al tribunal que viera lo que estaba pasando. Pero el juez lo aprobó y me entregó un plan de crianza modificado que me permitía cien días al año con mis hijas.

Cien días. De trescientos sesenta y cinco. El resto le pertenecía a ella.

Cuando se lo dije a las niñas, no reaccionaron como yo esperaba. Nada de miedo. Nada de tristeza. Nada de confusión. Solo una aceptación silenciosa que hiere más hondo que cualquier discusión.

"Mamá dijo que allá es mejor."

"Mamá dijo que seremos más felices."

"Mamá dijo que estarás bien."

Mi hija menor añadió: "Mamá dijo que todavía puedes llamar a veces."

A veces.

Esa palabra me destrozó. Porque yo sabía lo que significaba "a veces". Significaba cada vez menos. Significaba desvanecerme. Significaba desaparecer.

Virginia fue solo el comienzo. Dos años después, volvió a mudarlas, esta vez a Naples, Florida. Luego otra vez, hasta California, con un hombre con el que ni siquiera estaba casada. Cada mudanza las alejaba más. Físicamente. Emocionalmente. Geográficamente. Psicológicamente. Hasta que apenas podía reconocer en quiénes se habían convertido, aquellas niñas que una vez tuve entre mis brazos todos los días.

La verdad que no quería ver

La alienación no empieza en una sala de audiencias. Empieza mucho antes, en momentos tan pequeños que casi no los ves. Empieza con dos hijas repitiendo las palabras de otra persona, palabras que no encajan con sus voces, sus edades ni con el vínculo que construiste con ellas. Empieza con un tono que no es el suyo, una vacilación que antes no existía, una pregunta en sus ojos que sabes que no nació de nada que tú hayas hecho. Empieza cuando te arrebatan un nombre, no porque tus hijas lo hayan elegido, sino porque alguien más decidió que ya no merecías el que antes daban con alegría. Empieza con mentiras plantadas como semillas en tierra blanda, regadas con miedo, confusión y manipulación hasta que crecen y se convierten en creencias que tus hijas creen suyas.

La alienación empieza cuando se pone en duda un vínculo, no por el hijo, sino por el progenitor que no soporta la idea de compartir el amor, compartir la influencia o compartir espacio en el corazón de sus hijos. Empieza cuando la figura de un padre o una madre se reescribe, lenta y deliberadamente, poco a poco, hasta que la versión de ti que tus hijas ven, ya no es aquella con la que vivieron, con la que rieron o a la que amaron, sino una sombra distorsionada creada por alguien que quiere borrarte. Empieza con un juez que aprueba una mudanza que destrozó tu mundo, una firma que pesaba más de lo que nadie en esa sala de audiencias comprendía. Empieza con más mudanzas que te empujan cada vez más lejos, cada una ensanchando la brecha, alargando la distancia y afianzando el control del progenitor que quería verte fuera de sus vidas.

La alienación no es un solo momento. Es una serie de momentos que se amontonan unos sobre otros hasta formar un muro que no puedes escalar. Es un deshilacharse lento y silencioso que al principio parece inofensivo, como un hilo suelto en un suéter. Tiras de él con cuidado, pensando que puedes arreglarlo, pensando que puedes mantenerlo todo unido, pero mientras más tiras, más se deshace. Y para cuando te das cuenta de lo que está pasando, las grietas ya se han vuelto fracturas. Los cimientos que creías inconmovibles, el amor que pensabas que nada podía romper, de pronto corren el riesgo de derrumbarse bajo el peso de la amargura de otra persona.

La alienación no hace ruido. No es explosiva. No es evidente. Es sutil. Es estratégica. Es una guerra emocional librada en susurros, comentarios de soslayo y frases repetidas que no pertenecen a tus hijas. Es un envenenamiento lento de su confianza, sus recuerdos y su sensación de seguridad contigo. Es ver a tus hijas mirarte y notar en sus ojos que, antes albergaban certeza y ahora albergan duda. Es oírlas repetir acusaciones que no entienden. Es sentir que se apartan, no porque quieran hacerlo, sino porque les han enseñado a hacerlo.

La alienación es un progenitor que usa su propio dolor como arma. Es un progenitor que no puede separar su rabia de las necesidades de sus hijos. Es un progenitor que prefiere destruir el vínculo que sus hijos tienen contigo antes que enfrentarse a su propio reflejo. Es un progenitor que reescribe la historia, reescribe los recuerdos, te reescribe a ti, hasta que tus hijos ya no saben qué es verdad. Es un progenitor que usa el sistema como escudo, sabiendo que los tribunales creerán las lágrimas, las historias, la puesta en escena, mientras tu verdad permanece en silencio en un rincón, ignorada.

Para cuando te das cuenta de lo que está ocurriendo, el daño ya está hecho. Las grietas ya se han extendido. La distancia ya ha crecido. Las mentiras ya han echado raíces. Y los hijos que una vez tuviste en brazos cada día, ahora están del otro lado de un muro que tú no construiste.

Y lo peor es la impotencia. Puedes verlo suceder, pero no puedes detenerlo. La forma en que sientes que el vínculo se te escurre, pero no puedes alcanzarlo. La forma en que oyes a tus hijas repetir cosas que no son verdad, pero no puedes corregirlas sin que te acusen de ponerlas en medio. La forma en que te ves obligado a presenciar tu propio borrado en tiempo real, impotente para detener la reescritura de tu lugar en sus vidas.

Este capítulo fue el comienzo del desmoronamiento. El

comienzo del borrado. El comienzo de una lucha que nunca quise, pero que no tuve más remedio que enfrentar. Fue el momento en que me di cuenta, de que el amor por sí solo no bastaba para proteger a mis hijas de la influencia de alguien que quería que yo desapareciera. Fue el momento en que comprendí que la alienación no es solo una batalla legal. Es una batalla emocional. Una psicológica. Una espiritual. Es una batalla que se libra en los corazones y las mentes de niños que nunca debieron haber sido puestos en medio.

Y todo comenzó con grietas que no vi hasta que fue demasiado tarde. Grietas que parecían confusión. Grietas que sonaban como las palabras de otra persona. Grietas que se sentían como distancia. Grietas que se convirtieron en fracturas. Fracturas que se convirtieron en separación. Separación que se convirtió en silencio.

La alienación no te arrebata a tus hijos de una sola vez.

Te los arrebata pieza por pieza.

Y para cuando te das cuenta de lo que está ocurriendo, ya estás de pie entre las ruinas, preguntándote cómo algo tan sagrado pudo ser desmantelado tan silenciosamente.

Para cuando lo comprendí

Para cuando por fin comprendí lo que estaba ocurriendo, el daño ya se estaba extendiendo por cada parte de mi vida. La alienación no te advierte. No te da tiempo para prepararte. No te da la oportunidad de proteger el vínculo que pasaste años construyendo. Actúa en silencio, despacio, deliberadamente, hasta que un día despiertas y te das cuenta de que la relación que creías irrompible ha sido desgastada pieza por pieza, por alguien que nunca quiso que estuvieras en la foto desde el principio.

Seguía diciéndome que podía arreglarlo. Seguía diciéndome que el amor bastaría, que con presentarme bastaría, que con estar presente bastaría. Pero la alienación no es una batalla que se libre solo con amor. Es una batalla que se libra en las sombras, en los lugares a los que no puedes llegar, en las conversaciones de las que no formas parte, en las historias que se cuentan sobre ti cuando no estás allí para defenderte. Es una batalla que se libra en las mentes de niños que nunca debieron haber sido puestos en medio.

Y la verdad que no quería enfrentar era simple y devastadora.

Ella no estaba simplemente enojada.

No estaba simplemente amargada.

No estaba simplemente dolida.

Lo hizo a propósito.

Estaba usando su influencia, su acceso, su autoridad y, finalmente, el propio sistema legal para empujarme cada vez más fuera de la vida de mis hijas. Estaba moldeando sus recuerdos. Estaba reescribiendo la idea que tenían de quién era yo. Estaba convirtiendo mi presencia en un signo de interrogación y su amargura en su verdad. Y yo quedaba tratando de aferrarme a un vínculo que se desmantelaba a puerta cerrada.

La alienación no es solo abuso emocional. Es secuestro psicológico. Le roba a un niño la capacidad de amar libremente. Le roba a un progenitor la posibilidad de ser visto con claridad. Roba años que nunca podrás recuperar. Y hace todo esto mientras el mundo a tu alrededor se encoge de hombros, ajeno a la guerra que se libra dentro de tu propia familia.

Para cuando las grietas se volvieron fracturas, yo ya estaba perdiendo terreno. Ya estaba perdiendo tiempo. Ya estaba perdiendo esas versiones de mis hijas que antes corrían a mis brazos sin dudarlo. Y todavía no lo sabía, pero el siguiente capítulo de mi vida no trataría de reparar las grietas. Trataría de sobrevivir al colapso.

Porque el día en que todo cambió no llegó con un grito, ni con una pelea, ni con un momento dramático. Llegó con una decisión. Una mudanza. Una firma. Una frase que parecía inofensiva sobre el papel, pero cargaba el peso de una bola de demolición. Y ahí es donde comienza el siguiente capítulo. No con esperanza. No con sanación. Sino en el momento en que la distancia se volvió real. El momento en que el desmoronamiento se convirtió en pérdida. El momento en que comprendí que no solo estaba luchando por tiempo. Estaba luchando por los recuerdos que mis hijas guardaban de mí. Aquí es donde todo dio un giro, donde la historia se quiebra y se abre. Aquí es donde comienza el capítulo tres.

CAPÍTULO 3

EL DÍA EN QUE TODO CAMBIÓ

"Algunas pérdidas no ocurren en un instante. Ocurren en una frase."

Virginia fue apenas el comienzo. Yo no lo sabía entonces. No quería verlo. Pero aquella primera mudanza fue el primer acto de un desmoronamiento mucho mayor. Un lento y metódico ensanchamiento de la distancia entre mis hijas y yo hasta que el espacio se volvió tan amplio, tan imposible de atravesar, que se tragó todo. Al principio, me dije a mí mismo que era temporal. Me dije que era solo una fase, una transición, un bache en el camino. Pero en el fondo, en esos lugares silenciosos que no quería reconocer, sentía que algo se estaba moviendo. Algo resbalándose. Algo que estaba desmoronando el suelo bajo mis pies, poco a poco.

Dos años después de Virginia, volvieron a mudarse, esta vez a Naples, Florida. Otra escuela. Otra vida. Otro lugar al que yo tenía que viajar solo para aferrarme al poco tiempo que me permitía el tribunal. Recuerdo el agotamiento de esos viajes, la forma en que conducía durante toda la noche, impulsado por nada más que amor y miedo. Miedo de que, si me perdía, aunque fuera una sola visita, aunque fuera un solo momento, la distancia creciera de maneras que yo no pudiera reparar. Recuerdo cómo se me aceleraba el corazón cada vez que las veía esperándome, cómo se les iluminaban los rostros, cómo me rodeaban con los brazos como si hubieran estado conteniendo la respiración hasta que yo llegaba. Esos momentos me mantenían con vida. Me mantenían luchando. Me hacían creer que, por más lejos que ella se las llevara, por más obstáculos que pusiera delante de mí, el amor bastaría para tender un puente sobre la distancia.

Y aun así, seguía estando ahí. En cada visita. En cada día festivo. En cada oportunidad que tenía. Conducía. Volaba. Reordenaba mi vida. No faltaba ni un solo día. Era el padre que se negaba a desaparecer, incluso cuando el sistema hacía que desaparecer fuera fácil. Incluso cuando el sistema prácticamente lo fomentaba. Incluso cuando el sistema recompensaba al progenitor que creaba la distancia y castigaba al que intentaba acortarla. Estaba librando una batalla que no sabía que ya estaba perdiendo.

Pero entonces llegó la mudanza que lo cambió todo, la que no solo agrandó la distancia, sino que la consolidó.

California.

El mensaje que partió mi mundo en dos

La noticia no llegó por una llamada telefónica. No llegó por una conversación. Llegó en un mensaje que parecía inofensivo a primera vista, pero cargaba el peso de una bola de demolición. Estaba escrito en un tono tranquilo, casi alegre, como si estuviera anunciando una nueva afición o un plan para el fin de semana. Pero debajo de la superficie había una decisión, que alteraría para siempre el curso de mi vida y de la vida de mis hijas.

Ella me escribió sobre una nueva relación. Me escribió sobre la familia con la que se había reencontrado y sobre oportunidades que creía que la estaban esperando. Me escribió diciendo, que sentía que estaba llamada a comenzar de nuevo en California, que creía que sería una vida mejor para ella y para las niñas. Me escribió sobre su felicidad, sus sueños, su futuro. Pero no escribió nada del mío.

No escribió sobre el padre que había estado ahí desde el principio, ni sobre el vínculo que yo había pasado años construyendo y protegiendo. No escribió sobre la distancia, ni sobre el costo, ni sobre el desgaste emocional. No escribió sobre lo que significaría para las niñas perder al padre que había estado allí todas y cada una de las veces. No escribió sobre la manera en que esa mudanza cortaría el frágil hilo que todavía nos unía.

Ella escribió como si mi presencia pudiera ser reemplazada por un billete de avión, como si una orden judicial pudiera extenderse por todo el país sin consecuencias, como si la distancia no importara. Escribió como si yo fuera algo secundario.

Y la verdad es que eso era exactamente lo que ella quería que yo fuera.

No fue una mudanza en busca de oportunidades. No fue una mudanza pensada para obtener una vida mejor. Fue una mudanza diseñada para borrarme, para hacer la distancia tan grande que el sistema se encogiera de hombros y dijera: "Bueno, ahora vive demasiado lejos." Fue una mudanza que convirtió la geografía en un arma, una mudanza que usó el sistema como escudo, una mudanza que convirtió a mis hijas en daño colateral en una guerra que yo nunca quise.

Intentando hacer funcionar lo imposible

Me senté a la mesa de mi cocina con el mensaje abierto frente a mí, leyéndolo una y otra vez, esperando haber entendido mal. Abrí un mapa y recorrí la distancia con el dedo, arrastrándolo por estados y husos horarios, como si tocar el espacio entre nosotros pudiera de algún modo reducirlo. Intenté hacer que las cuentas cerraran. Los vuelos. El costo. El tiempo fuera del trabajo. La realidad de intentar mantener una relación con dos hijas a las que estaban trasladando como equipaje por todo el país.

Intenté imaginar las fiestas. Intenté imaginar los recesos escolares. Intenté imaginar cómo iba a estar presente como siempre lo había estado. Pero la realidad era brutal. No podía lograrlo. No de manera constante. No de un modo que pudiera sostenerse. No de una manera que les diera a mis hijas el padre que merecían.

California no solo estaba lejos. Estaba demasiado lejos.

Y ella lo sabía. Contaba con eso. Se valió de eso. Usó el sistema igual que alguien usa una cerradura en una puerta - no para proteger, sino para dejar a alguien fuera. Sabía que el tribunal lo aprobaría. Sabía que el juez lo autorizaría sin pestañear. Sabía que, una vez que la distancia se volviera imposible, el sistema se lavaría las manos respecto de mí y lo llamaría estabilidad. Y esa mudanza final, devastadora, se convirtió en el momento en que todo se detuvo.

La última vez

La última vez que vi a mis hijas fue antes de que se fueran a California. La última vez que oí sus voces fue antes de que cruzaran esa frontera estatal. La última vez que las tuve entre mis brazos, las abracé o las oí llamarme de cualquier manera fue hace diez años.

Diez años.

Diez años de silencio. Diez años de preguntas. Diez años de esperanza. Diez años de duelo por unas hijas que seguían vivas, pero ya no estaban a mi alcance. La gente habla del duelo como si fuera algo que sucede después de la muerte. Pero hay otro tipo de duelo, el que llega cuando alguien sigue vivo, sigue respirando, sigue ahí afuera en alguna parte, pero ha desaparecido de tu vida en todo lo que importa.

Ese es el duelo que te deja la alienación. Un duelo sin funeral. Sin cierre. Sin una despedida final. Solo ausencia. Solo silencio. Solo el eco de lo que alguna vez fue.

Recuerdo el último abrazo. Recuerdo cómo se aferraron a mí un poco más, como si alguna parte de ellas sintiera que algo estaba cambiando. Recuerdo cómo sonaban sus voces cuando se despidieron. Recuerdo cómo las vi alejarse, sin saber que era la última vez que las vería como niñas. Sin saber que era la última vez que volvería a verlas.

El día en que la distancia se volvió permanente

La alienación no solo me quitó tiempo. Me quitó estar presente. Me quitó la voz. Me quitó mi identidad como su padre. Y California fue el golpe final, el momento en que la distancia se volvió permanente, el momento en que el sistema se lavó las manos respecto de nosotros, el momento en el que mis hijas desaparecieron de mi vida.

No porque yo me fuera.

No porque yo no me presentara.

No porque yo no luchara.

Sino porque la distancia se volvió demasiado grande, la manipulación demasiado profunda y el sistema demasiado ciego para ver lo que estaba pasando.

Ella usó el sistema como algunas personas usan el fuego - no para dar calor, sino para quemar; no para proteger, sino para destruir. Lo usó para reescribirme, para hacerme desaparecer, para asegurarse de que, cuando mis hijas tuvieran edad suficiente para hacer preguntas, las respuestas ya estuvieran envenenadas.

Ese fue el día en que todo cambió. El día en que las perdí. El día en que comenzó el silencio. Y duraría una década.

Una década preguntándome si me recordaban.

Una década esperando que estuvieran a salvo.

Una década de duelo por unas hijas que seguían vivas, pero a las que no podía alcanzar.

Una década de ser borrado por alguien que sabía exactamente lo que estaba haciendo.

Y el sistema dejó que ocurriera.

California fue el momento en que la distancia se volvió permanente, pero la verdad es que el desmoronamiento había empezado mucho antes. Empezó la primera vez que el tribunal le permitió mudarse con ellas. Se profundizó cada vez que ella usó el sistema como un arma en lugar de una herramienta. Se hizo más fuerte cada vez que ignoraron mi voz, cada vez que trataron mi presencia como una molestia, cada vez que descartaron mi amor como si fuera algo opcional. Para cuando se las llevó a California, el sistema ya había hecho la mayor parte del daño. Todo lo que ella tuvo que hacer fue terminar lo que el tribunal había empezado.

Y esa es la parte que todavía corta más hondo. No solo que se las llevara. No solo que usara la distancia para borrarme. Sino que las mismas personas que se suponía debían proteger a mis hijas, las personas que se suponía debían proteger a las familias, las personas que se suponía debían ver a través de la manipulación y las mentiras, le entregaron el poder para hacerlo. Le dieron la pluma. Le dieron permiso. Le dieron el silencio que necesitaba para hacerme desaparecer.

No perdí a mis hijas en un solo momento. Las perdí en firmas. En fallos. En reubicaciones. En decisiones tomadas por personas que nunca me miraron a los ojos el tiempo suficiente para ver la verdad. Las perdí en los espacios silenciosos entre audiencias, en los largos viajes de regreso a casa, en las noches que pasadas mirando un teléfono que nunca sonaba. Las perdí en la lenta erosión de un sistema que afirmaba actuar en el interés superior del niño, mientras arrancaba a un padre de la vida de sus hijas.

Y cuando llegó California, no fue solo otra mudanza. Fue el golpe final. El momento en que el sistema se hizo a un lado y dejó que la distancia nos tragara por completo. El momento en que me di cuenta de que, por mucho que luchara, por mucho que amara, por muchas millas que recorriera o vuelos que tomara, estaba luchando contra una máquina que nunca fue construida para mantenerme en sus vidas.

Ese fue el día en que todo cambió.

El día en que comenzó el silencio.

El día en que entré en una década de dolor que nunca pedí.

Y ese dolor no se quedó en mi casa. Me siguió hasta el siguiente capítulo de mi vida. Me siguió hasta la sala del tribunal. Me siguió hasta las sillas frías y las decisiones aún más frías que me esperaban allí. Porque perder a mis hijas no fue solo un desgarro personal. Fue uno legal. Uno sistémico. Una herida tallada por un sistema, que afirmaba proteger a las familias mientras desmantelaba la mía en silencio.

Y ahí es donde comienza el siguiente capítulo.

No con esperanza.

No con sanación.

Sino con la fría realidad de un sistema que ayudó a arrebatarme a mis hijas.

CAPÍTULO 4

TRIBUNALES Y SILLAS FRÍAS

"No hay lugar más frío que una sala donde tu verdad es irrelevante."

Hay un tipo particular de frío que solo existe en las salas del tribunal de familia. No es la temperatura. Es la atmósfera. Un frío que se te mete en los huesos en el momento en que entras, un recordatorio de que el lugar donde se supone que debes encontrar justicia es también el lugar donde puedes perderlo todo. Es un frío que no se desvanece cuando te vas. Te sigue a casa. Permanece en tu pecho. Se convierte en parte de ti. Es el frío de ser malinterpretado, el frío de no ser escuchado, el frío de ver tu verdad quedarse al margen mientras las mentiras ocupan el centro del escenario. Aprendí a sentir ese frío pronto. Y lo sentí muchas veces.

La entrada al tribunal

Cada vez que entraba en ese tribunal de Tennessee, sentía que estaba entrando en un mundo donde los padres ya eran culpables. Un mundo donde la verdad no importaba tanto como la historia que se contaba sobre ti. Un mundo donde tu amor, tu devoción, tu historia... nada de eso contaba a menos que encajara perfectamente en un molde legal. Me sentaba en esas duras sillas de plástico, con las manos entrelazadas, el corazón latiéndome con fuerza, esperando que llamaran mi nombre. Esperando defenderme de cosas que no hice. Esperando demostrar que era un buen padre, algo que ya había demostrado cada día de la vida de mis hijas.

Pero en esa sala, nada de eso importaba. El juez no conocía las noches que pasé en vela por sus fiebres. No conocía las fiestas de cumpleaños que planeé, los proyectos escolares en los que ayudé, las rodillas raspadas que besé, los cuentos para dormir que les leí. No conocía los viajes de diez horas, las habitaciones alquiladas, los sacrificios, la devoción. Solo conocía las acusaciones escritas en el papel: acusaciones que era más fácil creer que la verdad. Acusaciones elaboradas para herir, elaboradas para manipular, elaboradas para ganar.

Entrar en esa sala del tribunal se sentía como entrar en una tormenta sin refugio. Te preparas, pero sabes que de todos modos te va a golpear. Sabes que vas a salir magullado, aunque no hayas hecho nada malo. Sabes que vas a perder algo, aunque luches con todo lo que tienes. Y la peor parte es la impotencia, de saber que tu destino está en manos de personas que no te conocen, no les importa conocerte y olvidarán tu nombre en el momento en que tu caso termine.

Las acusaciones que resonaban

Cada audiencia se sentía como una nueva versión de la misma pesadilla.

"Ella dice que eres inestable."

"Ella dice que estás enojado."

"Ella dice que las niñas no se sienten seguras."

"Ella dice que no te involucras."

"Ella dice que eres inconstante."

Y yo me quedaba allí sentado pensando, ¿cómo puedo ser

inconstante cuando nunca he faltado a una sola visita? ¿Cómo puedo no estar involucrado cuando conduzco diez horas solo para verlas? ¿Cómo puedo ser inseguro cuando lo único que he hecho es amarlas? Pero esa sala del tribunal no estaba hecha para los matices. No estaba hecha para la verdad. Estaba hecha para el papeleo, el procedimiento y para quien pudiera contar la historia más convincente. Y ella contaba la suya muy bien.

Las acusaciones no eran solo palabras. Eran armas. Estaban diseñadas para cortar, para debilitar, para destruir. Y cada vez que se pronunciaba una, sentía que arrancaban un pedazo de mi identidad como padre. Sentía que me hacía pequeño en una sala donde debería haber estado erguido. Sentía que me convertía en un extraño en la historia de mi propia vida.

El día en que reveló sus intenciones

Hubo un día en el tribunal que todavía arde en mi memoria, un día en que por fin se le cayó la máscara y la verdad de sus intenciones salió a la luz. Estábamos de pie en esa sala fría, los abogados moviendo papeles, el juez sin siquiera levantar aún la vista, cuando ella se volvió hacia mí con una calma que no coincidía con la crueldad de sus palabras.

Dijo: "Te llevaré al tribunal todos y cada uno de los días, hasta que me cedas tus derechos parentales."

Lo dijo como si no fuera nada. Como si fuera un plan simple. Como si estuviera hablando de hacer unos mandados. Por un momento, el mundo se quedó en silencio. No la sala del tribunal, no la gente, sino algo dentro de mí. Una quietud. Una claridad. Una línea que se dibujaba.

La miré a los ojos y le dije: "Entonces parece que te veré

en el tribunal todos los días. Porque jamás renunciaré a mis hijas. Jamás."

No alcé la voz. No temblé. No retrocedí. Lo decía muy en serio en cada palabra. Y todavía lo digo. Pero ese momento me dijo todo lo que necesitaba saber. Ella no estaba intentando compartir la crianza. No estaba intentando resolver el conflicto. No estaba intentando encontrar equilibrio, equidad o estabilidad. Estaba tratando de borrarme. Y la sala del tribunal, con todas sus sillas frías y decisiones aún más frías, le dio las herramientas para hacerlo.

El plan de crianza que me quebró

El día que el juez aprobó la reubicación a Virginia, sentí que algo dentro de mí se derrumbaba. Leyó el fallo como si no fuera más que una actualización de agenda.

"Reubicación aprobada. Al padre se le conceden cien días al año."

Cien días. De trescientos sesenta y cinco. El resto le pertenecían a ella. Recuerdo quedarme mirando al juez, preguntándome si tenía la menor idea de lo que acababa de hacer, preguntándome si entendía que acababa de arrebatarme a mis hijas, preguntándome si se daba cuenta de que acababa de poner en sus manos el poder de reescribirme en sus mentes.

Pero no levantó la vista. No vio la devastación en mi rostro. No vio cómo me temblaban las manos. No vio cómo mi mundo se tambaleaba. Simplemente pasó al siguiente caso. Para él, era papeleo. Para mí, era el principio del fin.

La soledad del pasillo

Después de cada audiencia, salía al pasillo, ese pasillo largo y resonante donde las familias susurraban, los abogados iban de un lado a otro y las vidas cambiaban en rincones silenciosos. Me sentaba en una banca, con los codos sobre las rodillas, mirando el suelo, tratando de procesar lo que acababa de pasar. Tratando de respirar en medio de la conmoción. Tratando de entender cómo la verdad podía importar tan poco. Era una clase extraña de soledad, de esa que no nace de estar solo, sino de estar rodeado de gente que no tenía idea de que tu mundo acababa de hacerse añicos. De esa soledad que se te instala en el pecho y hace que cada respiración se sienta más pesada que la anterior.

A veces veía a otros padres sentados allí también, con la misma mirada hueca en los ojos, la misma postura derrotada, la misma conciencia de que el sistema no estaba hecho para ellos. Nunca hablábamos. No hacía falta. Nos reconocíamos al instante. Hombres que amaban a sus hijos. Hombres que estaban presentes. Hombres que perdían de todos modos. Hombres que habían entrado a la sala del tribunal con esperanza y habían salido con menos de lo que llevaban al entrar. Hombres a quienes iban borrando lentamente de las vidas que ayudaron a crear.

Había una hermandad silenciosa en ese pasillo. Un dolor compartido. Una incredulidad compartida. Una comprensión compartida de que estábamos librando una batalla que ya estaba inclinada en nuestra contra. Éramos hombres que habían hecho todo bien y aun así eran tratados como si lo hubieran hecho todo mal. Éramos hombres reducidos a números de expediente, a acusaciones, a horarios, a firmas en papeles que no reflejaban la verdad de quiénes éramos como padres.

Y la parte más dura, la parte que más duele, incluso ahora, era darme cuenta de que las personas que tomaban estas decisiones creían que estaban actuando en el interés superior del niño. Esa frase se repetía tanto que se volvió una especie de letanía, un escudo que el tribunal usaba para justificar cualquier cosa. Interés superior del niño. Interés superior del niño. Interés superior del niño. Pero en algún momento del camino, esa frase dejó de significar lo que debía significar. Dejó de tratarse del niño y empezó a tratarse de la conveniencia, de las suposiciones, de creencias anticuadas que no tenían nada que ver con el amor, la estabilidad o la verdad.

Era como si el tribunal hubiera decidido que arrancar a un padre de la vida de sus hijos era, de alguna manera, más seguro, más limpio, más fácil que permitirle quedarse. Como si la presencia de un padre fuera opcional. Como si el amor de un padre fuera reemplazable. Como si el papel de un padre pudiera reducirse a unos cuantos fines de semana y un puñado de días festivos. Hablaban de los padres como si fuéramos visitantes, como si fuéramos temporales, como si fuéramos interrupciones en la vida real que sucedía en otra parte.

Recuerdo estar sentado en ese pasillo pensando: ¿cómo no pueden ver lo que están haciendo? ¿Cómo no pueden ver el daño? ¿Cómo no pueden entender que separar a un padre de sus hijos no es protección? Es trauma. Es pérdida. Es una herida que nunca termina de sanar. Los niños necesitan a sus padres. No a veces. No cuando conviene. No cuando el calendario lo permite. Los necesitan siempre. Necesitan sus voces. Su guía. Su presencia. Su amor. Pero las salas de audiencia en las que me senté no veían eso. Veían a los padres como riesgos. Como cargas. Como personajes secundarios en las historias de sus propios hijos.

Y la parte más cruel era que creían que estaban ayudando. Creían que estaban haciendo lo correcto. Creían que limitar el tiempo de un padre, limitar su influencia, limitar su presencia, era de alguna manera el interés superior del niño. Creían que darle a uno de los padres todo el poder y al otro toda la distancia era una forma de estabilidad. Creían que un niño podía prosperar sin su padre mientras el papeleo dijera que todo estaba bien.

Pero el papeleo no abraza a un niño cuando llora.

El papeleo no le enseña a distinguir el bien del mal.

El papeleo no va a las obras escolares ni a las graduaciones.

El papeleo no lo ama.

Un padre sí.

Y, sin embargo, en aquellas salas de audiencia, el amor no era prueba. La devoción no era prueba. La presencia no era prueba. Solo lo eran las acusaciones. Solo lo eran las suposiciones. Solo lo era la narrativa que encajaba con el sistema.

Así que nos sentábamos allí, todos nosotros, los padres de aquel pasillo, cargando el mismo peso invisible. El peso de ser tratados como si nuestro amor no importara. El peso de que nos dijeran, de mil maneras sutiles, que nuestros hijos estaban mejor sin nosotros. El peso de saber que las personas que tomaban decisiones sobre nuestras familias nunca nos habían visto con nuestros hijos, nunca nos habían visto ser padres, nunca habían presenciado el vínculo que estaba siendo cercenado en nombre del interés superior del niño.

Recuerdo mirar a aquellos otros padres y verme reflejado. La misma angustia. La misma incredulidad. La misma rabia silenciosa. La misma impotencia. Éramos hombres que habíamos entrado en el sistema creyendo que la verdad importaba, creyendo que el amor importaba, creyendo que ser un buen padre importaba. Y estábamos saliendo de allí, dándonos cuenta de que nada de eso importaba en esa sala.

El pasillo se convirtió en un lugar de duelo. No por la muerte, sino por la pérdida. Pérdida de tiempo. Pérdida de conexión. Pérdida de identidad. Pérdida del futuro que habíamos imaginado con nuestros hijos. Era un lugar donde los padres se sentaban con el conocimiento de que estaban siendo expulsados de la vida de sus hijos por personas que nunca sentirían las consecuencias de sus decisiones.

Y cada vez que me sentaba allí, mirando el suelo, tratando de acompasar la respiración, sentía que la misma pregunta se alzaba dentro de mí. ¿Cómo puede un sistema que dice proteger a los niños sentirse tan cómodo destruyendo su relación con su padre? ¿Cómo pueden no ver que un niño que pierde a uno de sus padres pierde una parte de sí mismo? ¿Cómo pueden no entender que el interés superior del niño no se encuentra en la separación, sino en el vínculo? No en la distancia, sino en la presencia. No en el silencio, sino en el amor.

Pero el sistema no hacía esas preguntas.

Así que los padres de aquel pasillo nos las hacíamos en silencio.

Y cargábamos solos con las respuestas.

El día en que me di cuenta de que el sistema no iba a salvarme

Hubo una audiencia —una que nunca olvidaré— a la que entré con esperanza. Tenía pruebas: mensajes, documentación, pruebas de manipulación, pruebas de alienación, pruebas de mentiras. Pensé: «Esta vez lo verán. Esta vez lo entenderán».

Pero cuando el juez entró, no me miró. No miró las pruebas. No miró el patrón. Miró el calendario.

—La madre solicita otro traslado —dijo.

Otro traslado. Otro estado. Otra vida que yo tendría que perseguir. Y así, sin más, con unas pocas frases, unas pocas firmas, el tribunal le permitió llevárselas otra vez. Primero a Florida. Y luego, más tarde, a California.

Y California fue el traslado que lo rompió todo. Porque yo no podía hacerlo. No podía costearlo. No podía seguirle el paso a la distancia que el tribunal seguía aprobando. Y esa fue la última vez que vi a mis hijas. La última vez que oí sus voces. La última vez que formé parte de sus vidas.

Diez años. Diez años de silencio. Diez años de preguntarme. Diez años llorando a unas hijas que seguían vivas, pero eran inalcanzables. La sala del tribunal no se limitó a fallarme. Me borró.

La silla fría que todavía me persigue

A veces, incluso ahora, todavía puedo sentir aquella silla debajo de mí, el plástico duro clavándose en mi espalda, las luces fluorescentes zumbando sobre mi cabeza, el olor a alfombra vieja y café rancio. Todavía puedo oír el roce de los papeles. El sonido de los teclados. Las voces monótonas leyendo fallos que cambiaban vidas sin emoción.

Todavía puedo sentir el momento en que comprendí la verdad. La sala del tribunal no fue donde perdí a mis hijas. Fue donde me obligaron a ver cómo ocurría. Y tuve que sentarme allí, sin poder hacer nada, con el corazón roto, sin ser escuchado, mientras el sistema asentía y lo llamaba justicia.

CAPÍTULO 5

LOS AÑOS DE SILENCIO

«El silencio no está vacío. Está lleno de todo lo que te falta».

Hay heridas que sangran a gritos, y hay heridas que sangran en silencio. Las ruidosas llaman la atención. Las silenciosas duran toda la vida. Los diez años que siguieron a la mudanza a California fueron de ese tipo silencioso, ese tipo de dolor que no grita, no rompe cosas, no exige ser visto. Simplemente se queda dentro de ti, pesado y constante, cambiando la manera en que respiras. Se vuelve parte de tu postura, parte de tu sueño, parte de tu voz. Se vuelve el dolor que aprendes a esconder detrás de una sonrisa, el peso que llevas a cada habitación, la sombra que te sigue incluso en los lugares más luminosos. Esos años se volvieron una especie de exilio. No de un lugar, sino de mis propias hijas. Y no hay exilio más doloroso que ser desterrado de las vidas que ayudaste a crear.

El primer año: esperando a que sonara el teléfono

Al principio, todavía esperaba que el teléfono vibrara. Todavía esperaba un mensaje. Una foto. Una pregunta.

Un simple "Hola". Lo que fuera. Mantenía mi teléfono cargado en todo momento. Dormía con el volumen al máximo. Lo revisaba cada pocos minutos, incluso cuando sabía que no había llegado nada. Lo llevaba de una habitación a otra como si fuera un tanque de oxígeno, y me daba miedo estar demasiado lejos de él. El silencio tiene una forma de hacerte sentir ridículo. La esperanza tiene una forma de hacerte sentir todavía más ridículo. Cada día me decía: "Quizá hoy". Cada noche me decía: "Quizá mañana". Pero el mañana nunca llegó.

El primer año fue un año de espera. Esperando algo que nunca llegó. Esperando una voz que nunca habló. Esperando una conexión que nunca respondió del otro lado. Me decía que era temporal. Me decía que se estaban adaptando. Me decía que llamarían una vez que se hubieran instalado. Me decía cualquier cosa que mantuviera viva la esperanza. Pero la esperanza, cuando se estira demasiado, se convierte en una especie de tortura. Y yo vivía dentro de esa tortura todos los días.

El segundo año: el mundo sigue adelante sin ti

La gente supone que perder el contacto con sus hijos es como perder una extremidad—repentino, violento, evidente. Pero no es así. Es más bien como perder tu reflejo. Sigues ahí, pero ya no te reconoces. Te mueves por el mundo, pero falta algo esencial. Llegaron los cumpleaños. Yo compraba regalos de todos modos. Los envolvía. Los etiquetaba. Los colocaba en una repisa. Llegó la Navidad. Colgué dos medias navideñas. Las llené. Las dejé sin tocar. Sus habitaciones siguieron exactamente igual. Las camas tendidas. Los peluches acomodados. La ropa doblada en cajones que nunca abrirían.

Los amigos me preguntaban: “¿Has sabido algo de ellas últimamente?” Yo forzaba una sonrisa y decía: “Todavía no”. “Todavía no” se convirtió en mi mantra. “Todavía no” se convirtió en mi negación. “Todavía no” se convirtió en la mentira que me decía para sobrevivir. Porque admitir la verdad, admitir que me habían apartado, admitir que me habían borrado, admitir que mis hijas estaban viviendo vidas enteras sin mí, era demasiado para soportarlo. Así que me aferré a “todavía no” como si fuera un salvavidas, aunque no era más que un hilo.

El tercer año: el mundo se hace más pequeño

El duelo cambia tu geografía. Los lugares que una vez amaste se convierten en minas terrestres. No podía pasar en coche frente a los patios de juegos. No podía pasar por la sección infantil de la tienda. No podía oír reír a una niña pequeña sin sentir que algo se me retorcía por dentro. Hasta las estaciones dolían. La primavera me recordaba las búsquedas de huevos de Pascua. El verano me recordaba los días de piscina y las paletas heladas. El otoño me recordaba los disfraces de Halloween. El invierno me recordaba las mañanas de Navidad con el pelo revuelto y papel de regalo por todas partes. Cada recuerdo se convirtió en un fantasma. Cada fantasma se convirtió en un recordatorio. Cada recordatorio se convirtió en una herida.

Para el tercer año, el mundo se había encogido. Evitaba los lugares que me las recordaban. Evitaba las conversaciones en las que se hablaba de hijos. Evitaba cualquier cosa que volviera más agudo el dolor. Mi vida se volvió más pequeña, más silenciosa, más controlada. No porque yo la quisiera así, sino porque el duelo había redibujado el mapa de mi vida, y yo estaba intentando sobrevivir dentro de esas nuevas fronteras.

El cuarto y el quinto año: aprender a vivir con el dolor

La gente dice que el tiempo cura. Se equivocan. El tiempo no cura. El tiempo te enseña a cargar con el dolor sin derrumbarte. Para el cuarto año, dejé de esperar que sonara el teléfono. Para el quinto año, dejé de revisarlo cada pocos minutos. Pero el dolor nunca se fue. Simplemente se asentó más hondo, como una piedra en el fondo del río Tennessee, inmóvil, inmutable, siempre ahí. Aprendí a funcionar con él. A sonreír con él. A trabajar con él. A vivir con él. Pero nunca aprendí a olvidar.

Había días en que el dolor estaba callado, un latido sordo de fondo. Y había días en que rugía, en que sentía que el silencio me asfixiaba por dentro. Pero por más fuerte o callado que fuera, siempre estaba ahí. Un recordatorio constante de lo que me habían arrebatado.

Del sexto al noveno año: el duelo silencioso

"Algunas pérdidas no estallan. Te erosionan lenta, silenciosamente, hasta que te das cuenta de que faltan partes enteras de ti."

El sexto año no llegó con un colapso ni con un momento dramático. Llegó en silencio, como todo lo demás en aquellos años. Una hemorragia lenta. Un dolor constante. Un duelo que ya no gritaba. Simplemente vivía dentro de mí, pesado y familiar, como un segundo latido que nunca pedí. Para entonces, ya había aprendido a funcionar dentro del silencio.

Iba a trabajar. Cocinaba. Respiraba. Pero debajo de todo seguía ardiendo la misma pregunta que nunca dejó de quemarme: ¿Dónde están mis niñas? ¿Están bien? ¿Todavía se acuerdan de mí?

Y como nadie quería decirme nada, hice lo único que podía. Busqué. A altas horas de la noche, cuando por fin el mundo a mi alrededor se quedaba quieto, me sentaba solo con mi teléfono o mi portátil y recorría internet como un hombre que escarba entre los escombros después de una tormenta. No buscaba milagros, solo pruebas. Pruebas de que mis hijas seguían ahí afuera. Pruebas de que estaban vivas, creciendo, riendo, existiendo. Una foto escolar. Una lista de clase. Una publicación de cumpleaños. Una imagen borrosa en segundo plano. Cualquier cosa.

Se volvió un ritual. Una herida que reabría a propósito. Una forma de sentirme cerca de ellas, aunque doliera como fuego. Y entonces, en algún momento de ese sexto año, en medio de una de esas búsquedas desesperadas, encontré algo que me dejó sin aire. Se habían ido. No de mi corazón —esa pérdida había ocurrido años antes—, sino de California. Del lugar donde yo creía que estaban. Del último punto conocido en el mapa de sus vidas.

Mi exesposa se había mudado otra vez. Esta vez, de regreso a Naples, Florida. Ningún aviso. Ninguna llamada.

Ninguna actualización. Nada. Me enteré de la misma manera en que se enteraría un desconocido, a través de rastros dispersos en internet. Una migaja aquí. Una huella digital allá. Una pista que nunca debió haberme tocado descubrir de esta manera. Y lo peor era simple y devastador. Ni siquiera sabía cuándo había ocurrido. No sabía cuánto tiempo hacía que se habían ido. No sabía qué estaban dejando atrás ni hacia qué se dirigían.

Sólo más tarde logré reconstruir la razón. Las cosas no habían salido bien con el novio por quien las había desarraigado. El sueño de California se había resquebrajado y, cuando lo hizo, ella simplemente hizo las maletas y se fue, llevándose a las niñas con ella, como si sus vidas fueran equipaje y yo no fuera más que una dirección de reenvío olvidada. Mientras tanto, yo seguía en Tennessee, seguía contando los días, seguía tratando de aferrarme a una relación que estaba siendo reubicada sin mi conocimiento, sin mi voz, sin mi presencia.

Ese descubrimiento no solo dolió. Me vació por dentro. Volvió el duelo más afilado, más áspero. Ya no era solo distancia. Era desplazamiento. Era la comprensión de que las vidas de mis hijas podían ser trasladadas como muebles, y yo solo me enteraría por accidente, años demasiado tarde. Para el séptimo, octavo y noveno año, el duelo se había asentado en algo más silencioso, pero más hondo. Un duelo que no necesitaba recordatorios porque vivía en mis huesos. Un duelo que no clamaba porque no tenía que hacerlo. Siempre estaba ahí. Pero también el amor. Y de algún modo, de un modo imposible, ese amor me mantuvo en pie mientras todo lo demás seguía moviéndose bajo mis pies.

Las capturas de pantalla: las únicas fotografías de un padre

Más o menos hacia el sexto año, me di cuenta de algo que me rompió de una manera nueva. No tenía ninguna foto nueva de mis hijas. Ninguna foto escolar. Ninguna foto de cumpleaños. Ninguna instantánea de las fiestas. Ningún momento espontáneo. Ningún recuerdo capturado en el tiempo. Así que hice lo único que podía hacer. Las busqué en internet. Escribí sus nombres en barras de búsqueda. Me deslicé por perfiles de redes sociales que no eran míos. Hice clic en amigos de amigos, parientes lejanos, cualquiera que pudiera haber publicado, aunque fuera un vistazo de ellas.

Y cuando encontraba algo —una foto de grupo borrosa, una foto etiquetada, una imagen de un evento escolar— hacía una captura de pantalla. Esa se convirtió en mi manera de verlas crecer. No en persona. No en tiempo real. No con sus voces ni sus risas ni sus abrazos. Sino a través de píxeles. A través de publicaciones de extraños. A través de capturas de pantalla guardadas en una carpeta llamada Mis niñas. Esas capturas de pantalla se convirtieron en mis únicas fotografías de ellas mientras crecían. Mi única prueba de que seguían ahí afuera. Mi única conexión con las hijas que una vez tuve en brazos todos los días.

El décimo año: la revelación

Diez años. Una década. Una vida entera. Un día, vi la captura de pantalla más reciente. Había encontrado una foto de dos jóvenes en un evento escolar, y me golpeó con una fuerza para la que no estaba preparado. Mis hijas ya no eran niñas pequeñas. Una tenía veinte años. La otra, dieciséis. Habían crecido sin mí. Se habían convertido en mujeres jóvenes sin mí. Habían vivido capítulos enteros de sus vidas sin mi presencia, mi guía, mi voz. Y yo había visto que sucediera a través de una pantalla.

Esa revelación rompió algo en mí que, de algún modo, había sobrevivido a todas las otras rupturas. Porque perder a tus hijos es una clase de dolor. Pero darte cuenta de que crecieron sin ti, esa es otra clase por completo.

La verdad de esos diez años

El silencio no era solo la ausencia de sonido. Era la ausencia de sus voces, sus risas, sus preguntas, sus discusiones, sus abrazos, su presencia, su infancia. No solo perdí tiempo. Perdí momentos. Hitos. Recuerdos que deberían haber sido míos. Y aun así, a través de todo eso, el silencio, la distancia, el dolor, una verdad permaneció. Nunca dejé de ser su padre. Ni por un momento. Ni por un día. Ni por un año. Ni por diez años. Y ningún silencio por más profundo que fuera, podía cambiar eso.

CAPÍTULO 6

LA PRIMERA RENDIJA DE LUZ

"Incluso en la oscuridad más profunda, el amor recuerda cómo brillar."

Diez años es mucho tiempo para vivir en la oscuridad. Es tiempo suficiente para que la esperanza se encoja hasta convertirse en algo pequeño y frágil, tiempo suficiente para que el silencio empiece a sentirse normal, tiempo suficiente para que un padre empiece a creer que tal vez era esto, tal vez este era el final. Hay una clase de oscuridad que no viene de la ausencia de luz, sino de la ausencia de conexión. Se instala en tus huesos, en tus rutinas, en los espacios donde antes vivían las risas. Se vuelve familiar, casi cómoda, no porque sea suave, sino porque es constante. Dejas de esperar cualquier otra cosa. Dejas de esperar que suene el teléfono. Dejas de imaginar pasos corriendo hacia ti. Dejas de creer que la historia pueda cambiar alguna vez. Pero la vida tiene una manera de sorprenderte cuando menos lo esperas, no con fuegos artificiales ni reencuentros dramáticos, sino con algo pequeño y silencioso, algo que se siente como la primera rendija de luz tras años en una habitación cerrada. Para mí, ese momento no llegó con una llamada telefónica ni con unos golpes en la puerta. Llegó con una sensación, un cambio, la intuición de que algo estaba cambiando, aunque yo todavía no pudiera verlo.

Para cuando había pasado una década, había aprendido a vivir con ese dolor. No porque doliera menos, sino porque no tenía elección. El dolor se vuelve un compañero cuando se queda el tiempo suficiente. Se convierte en algo que aprendes a cargar, algo alrededor de lo que aprendes a respirar, algo que aprendes a incorporar a tu vida diaria. Mis hijas tenían ahora veinte y dieciséis años, mujeres jóvenes con vidas, amistades, recuerdos y experiencias de las que yo no formaba parte. Las había visto crecer a través de capturas de pantalla, de publicaciones de extraños, de migas digitales esparcidas por internet. Reconstruía sus vidas como un hombre que intenta armar un rompecabezas al que le falta la mitad de las piezas. Conocía sus rostros, pero no sus voces. Conocía sus sonrisas, pero no sus risas. Conocía sus edades, pero no sus historias. Conocía la forma de sus vidas, pero no cómo sonaban. Y aun así, las seguía amando con la misma intensidad con que las amaba cuando eran niñas pequeñas que corrían hacia mis brazos. El amor no envejece como envejecen las personas. Sigue siendo el mismo, incluso cuando todo lo demás cambia. Permanece arraigado, firme, inquebrantable, incluso cuando el tiempo intenta desgastarlo.

Había noches en que me sentaba solo en el silencio de mi casa, mirando las últimas fotos que tenía de ellas, tratando de imaginar las versiones de ellas que me había perdido. Me preguntaba cómo sonarían sus voces ahora. Me preguntaba qué las hacía reír. Me preguntaba qué sueños llevaban dentro, qué miedos enfrentaban, qué recuerdos guardaban cerca del corazón. Me preguntaba si alguna vez pensaban en mí. A veces cerraba los ojos e intentaba recordar el sonido de sus voces llamándome papá. Intentaba recordar el peso de sus pequeñas manos en las mías. Intentaba recordar la manera en que antes me miraban como si yo fuera su mundo entero. Pero la memoria se desvanece cuando no tiene nada nuevo a lo que aferrarse. Se vuelve borrosa en los bordes, suave y frágil, como una fotografía dejada demasiado tiempo al sol. Y esa era la parte más difícil. No el silencio. No la distancia. Ni siquiera las mentiras. Lo más difícil era olvidar los detalles de las personas que más amaba.

Ocurrió en un día cualquiera, de esos en los que no se supone que pase nada especial. Estaba pasando fotos viejas, las que había guardado a lo largo de los años. Capturas de pantalla de cumpleaños a los que no me habían invitado. Capturas de pantalla de actos escolares de los que yo no sabía nada. Capturas de pantalla de sonrisas que no pude presenciar en persona. Ya había mirado esas fotos mil veces antes, pero esta vez algo se sentía distinto. Algo dentro de mí susurró: «Es hora». ¿Hora de qué? No lo sabía. Pero la sensación era fuerte, más fuerte que cualquier cosa que hubiera sentido en años. No era exactamente esperanza. La esperanza es demasiado brillante, demasiado ruidosa, demasiado frágil. Esto era algo más silencioso, algo más firme, algo parecido a la determinación. Una voz dentro de mí dijo: «Has sobrevivido al silencio. Ahora es hora de romperlo». No era una orden ni un empujón. Era más bien como una mano suave sobre mi hombro, guiándome hacia adelante, diciéndome que la oscuridad había durado ya demasiado tiempo.

Se sentía como el momento antes del amanecer, cuando el mundo todavía está oscuro, pero puedes percibir la luz reuniéndose en algún lugar justo más allá del horizonte. Aún no puedes verla, pero sabes que viene. Puedes sentirla en el pecho, en la respiración, en la manera en que el aire cambia a tu alrededor. Esa era la sensación. Un cambio silencioso. Un despertar suave. Una grieta formándose en el muro detrás del cual había vivido durante diez años.

Durante años, me mantuve al margen. No porque no quisiera acercarme, sino porque no quería empeorarles las cosas. La alienación te enseña a dudar de ti mismo, a cuestionar cada movimiento, cada mensaje, cada intento. Empiezas a creer que tu presencia podría causarles dolor. Empiezas a creer que buscarlas podría alejarlas aún más. Empiezas a creer la mentira de que guardar silencio es lo más seguro que puedes hacer. Pero algo cambió ese día. Tal vez fue darme cuenta de que ahora ya eran adultas, o estaban cerca de serlo. Tal vez fue el peso de diez años volviéndose por fin demasiado pesado para seguir cargándolo. Tal vez fue la simple verdad de que el amor, incluso sepultado bajo una década de silencio, no muere.

Fuera lo que fuera, tomé una decisión. No iba a seguir esperando. No iba a dejar que el miedo dictara los próximos diez años. No iba a dejar que el silencio fuera el capítulo final. Iba a intentarlo. Aunque me diera miedo. Aunque doliera. Aunque no sirviera de nada. Porque intentarlo, después de todo, era un acto de amor. Era una manera de decir: "Sigo aquí. Siempre he estado aquí. Y no dejaré que la historia termine sin al menos intentar llegar hasta ustedes." Fue la primera vez en años que elegí la acción por encima del miedo. La primera vez que me permití imaginar un futuro en el que quizá pudieran conocer la verdad. La primera vez que me permití creer que tal vez, solo tal vez, la historia no había terminado.

En el momento en que tomé esa decisión, algo dentro de mí cambió. No fue dramático. No hizo ruido. Ni siquiera fue visible. Pero fue real. Por primera vez en una década, sentí algo distinto al duelo. Algo distinto a la pérdida. Algo distinto al peso de lo que me habían arrebatado. Sentí la posibilidad. No certeza. No garantías. Solo posibilidad. Una rendija de luz en una habitación que había estado a oscuras demasiado tiempo. Y a veces, eso es todo lo que hace falta para dar el siguiente paso. A veces el cambio más pequeño, el susurro más débil, el resplandor más tenue, bastan para recordarte que la oscuridad no es permanente. Que el silencio no es definitivo. Que el amor, incluso después de diez años enterrado, todavía recuerda cómo brillar. Y ese resplandor, esa pequeña rendija de luz, fue el comienzo de todo lo que vino después.

CAPÍTULO 7

LA MANO TENDIDA A TRAVÉS DE LA DISTANCIA

"A veces, lo más valiente que puede hacer un padre es volver a intentarlo."

Llega un momento en el duelo en que el silencio deja de ser una ausencia y se convierte en una presencia. Se convierte en algo con lo que vives, algo que se sienta a tu lado como una sombra silenciosa que nunca se va. Te sigue a cada habitación, cada mañana, cada noche. Se vuelve el peso del otro lado de la cama, la silla vacía en la mesa, el silencio en el coche donde antes había risas. Se convierte en un compañero que nunca pediste, un recordatorio de todo lo que perdiste y de todo lo que no pudiste reparar. Diez años de silencio se habían convertido en esa presencia para mí. No porque yo lo hubiera elegido, no porque lo quisiera, sino porque la distancia, la manipulación y las circunstancias levantaron un muro que no pude atravesar. Había imaginado mil maneras distintas en que el silencio podría terminar. Un mensaje. Una carta. Un instante de curiosidad. Una grieta en el relato que les habían contado. Un cambio en el viento. Una señal de que algo dentro de ellas me recordaba. Pero nunca imaginé que terminaría así. No con una reconexión apacible. No con un mensaje esperanzador. No con un momento de calma. Terminó en caos.

El ritual de tenderles la mano

La gente cree que el silencio fue total. No lo fue. Porque en cada cumpleaños, en cada festividad, en cada momento importante que llegaba y pasaba sin ellas, yo intentaba llegar hasta ellas. Todas y cada una de las veces. Les enviaba mensajes en sus cumpleaños. Mensajes en Navidad. Mensajes en Acción de Gracias. Mensajes en el primer día de clases. Mensajes en días cualquiera en que el dolor era demasiado pesado para llevarlo solo. Enviaba mensajes incluso cuando sabía que no tendrían respuesta. Incluso cuando sabía que el silencio se los tragaría por completo. Incluso cuando sabía que la única persona que los leería era la que quería borrarme.

Y cada vez, la respuesta era la misma.

"Se los haré saber."

"Están ocupadas."

"Están con amigas."

"Ahora mismo no están mirando sus teléfonos."

"Lo verán más tarde."

Excusas envueltas en buenos modales. Distancia envuelta en cortesía. Un muro disfrazado de comunicación. Nunca recibí una respuesta de mis hijas. Ni una sola vez. Ni una sola palabra. Ni siquiera un mensaje por accidente. Nada. Y durante más de diez años, ni siquiera recibí un simple "Feliz Día del Padre". Si no lo has vivido, no puedes entender lo hondo que eso hiere a un padre. Se supone que el Día del Padre es el único día, solo ese día, en que un papá se siente visto. En que un papá se siente recordado. En que un papá siente que importa. Pero para mí, se convirtió en un recordatorio anual de todo lo que había perdido. Un recordatorio de que, en alguna parte, a mis hijas les estaban enseñando que yo no existía. Que no importaba. Que no merecía ni un mensaje.

Aun así, seguí enviando mensajes de todos modos. Porque el amor no se detiene sólo porque el mundo se quede en silencio. Porque un padre no deja de ser padre sólo porque no le permitan serlo. Porque intentar acercarme, incluso hacia el silencio, era la única manera que conocía de mantener vivo el vínculo, aunque sólo siguiera vivo de mi lado.

La llamada que rompió el silencio

"Donde de verdad empezó el acercamiento."

Durante diez años, el silencio fue lo único que hubo entre mis hijas y yo. Un silencio que se sentía como una puerta cerrada para la que yo no tenía la llave. Un silencio que se sentía como un castigo por algo que no hice. Un silencio que se sentía como una muerte lenta. Entonces, una noche, todo cambió.

La explosión

La llamada llegó de la nada. Mi teléfono se iluminó con el nombre de mi exesposa, un nombre que por lo general significaba tensión, conflicto u otro problema sobre el que yo no tenía ningún control. Estuve a punto de no contestar. No porque no me importara, sino porque había aprendido a ponerme en guardia cada vez que aparecía su nombre. Había aprendido que nunca salía nada bueno de esas llamadas. Pero esta vez, su voz no era fría. No era calculada. No era ensayada. Estaba presa del pánico.

"Está fuera de control", dijo, sin aliento. "Está gritando, tirando cosas, me pegó. Lanzó un portátil, salió corriendo de la casa, ya se había escapado una vez antes, está perdiendo el control."

Podía oír gritos de fondo. Llanto. Caos. El tipo de caos que hace que el corazón se te caiga al estómago. El tipo de caos que te dice que algo anda muy mal. Entonces mi exesposa dijo las palabras que hicieron que el corazón se me detuviera.

"Dice que quiere irse a vivir contigo."

Por un momento, todo quedó en silencio. No a mi alrededor, sino dentro de mí. Un silencio tan profundo que parecía que el mundo se había detenido. Un silencio que se sentía como la respiración antes de un grito. Un silencio que se sentía como el momento antes de que se derrumbe una presa. Diez años de distancia se derrumbaron en un solo segundo.

"Quiere ir contigo", repitió. "Quiere ir a vivir contigo. Lo está diciendo una y otra vez."

Mi hija, la que no había visto en una década, me estaba llamando a gritos. No pedía ayuda. No pedía atención. Me pedía a mí.

La decisión que no fue una decisión

No pensé. No planeé. No dudé. Les dije a mi exesposa y a mi hija: "Voy para allá". Colgué el teléfono. Me puse de pie. Agarré mis llaves. Y salí por la puerta. Una hora después de esa llamada, una hora después de que diez años de silencio se hicieran añicos, estaba en la carretera. Trece horas y media. Directo a Naples. Sin dormir. Sin paradas. Sin pensarlo dos veces. Porque cuando tu hija te llama, de verdad te llama, nada más importa. Ni el trabajo. Ni el agotamiento. Ni las consecuencias. Ni siquiera los diez años de silencio que vinieron antes.

Hay momentos en la vida en los que el cuerpo se mueve antes de que la mente lo alcance. Este fue uno de ellos. No me sentía cansado. No sentía miedo. No sentía incertidumbre. Sentía una sola cosa: propósito. Un propósito tan claro que ahogaba todo lo demás. Un propósito que surgía de un lugar dentro de mí que había estado en silencio demasiado tiempo. Un propósito que decía: "Ve. Ahora. Te necesita."

El viaje que se sintió como una vida entera

La carretera se extendía frente a mí como una línea de vida. Cada milla era un recuerdo. Cada hora era un recordatorio de lo que había perdido y de lo que quizá podía recuperar. Repasé la llamada una y otra vez en mi mente. Los gritos. El caos. La desesperación. Las palabras que me abrieron por dentro. "Quiero irme a vivir con papá". Apreté el volante con tanta fuerza que me dolían las manos. No dejaba de mirar la hora, deseando que el tiempo avanzara más rápido. No dejaba de imaginármela sola, asustada, confundida, esperándome. No dejaba de imaginar a la niña pequeña que había sido, la que corría a mis brazos sin dudar.

No sabía qué iba a encontrar cuando llegara. No sabía en qué estado estaría. No sabía qué daño se había hecho. Pero sí sabía una cosa. Me necesitaba. Y yo iba en camino.

El momento en que el silencio terminó de verdad

Cuando por fin llegué a Naples, el sol estaba saliendo. El cielo era tenue y pálido, esa clase de mañana que se siente como un comienzo incluso cuando estás aterrorizado por lo que viene después. Mi cuerpo estaba exhausto, pero el corazón se me aceleraba. Ella me esperaba afuera. No era la niña pequeña que recordaba, sino una joven que llevaba diez años de dolor en los ojos. No corrió hacia mí. No lloró. No dijo gran cosa. Pero caminó hacia mi coche. Y eso bastó. Porque caminar hacia mí significa confianza. Significaba una elección. Significaba el comienzo de algo nuevo.

El silencio no terminó con una conversación. No terminó con un mensaje. No terminó con una reconexión lenta. Terminó con una crisis. Un grito. Un punto de quiebre. Una súplica desesperada. Y un padre que se subió a su coche y condujo trece horas y media sin pestañear.

Ese fue el verdadero comienzo. Ese fue el momento en que todo cambió. Ese fue el momento en que el acercamiento empezó de verdad, no con palabras, sino con actos. Fue el momento en que una década de silencio por fin se resquebrajó, no con suavidad, sino con la fuerza de un padre que se negó a dejar que la distancia volviera a ganar.

Hay momentos en la vida en los que el cuerpo se mueve antes de que la mente lo alcance. Este fue uno de ellos. No me sentía cansado. No me sentía asustado. No me sentía inseguro. Sentía una sola cosa. Un propósito. Un propósito que surgía de algún lugar más hondo que el pensamiento, más hondo que el miedo, más hondo que los diez años que había pasado esperando en silencio. Era el tipo de propósito que no hace preguntas ni espera permiso. Simplemente toma el control. Mis manos ya estaban tomando las llaves antes de que me diera cuenta de que me había puesto de pie. Mis pies ya se movían hacia la puerta antes de que entendiera lo que estaba pasando. Era como si algo dentro de mí hubiera estado dormido durante una década y de pronto despertara de golpe, nítido, claro e innegable.

No hubo vacilación. Ni dudas. Ni cálculos sobre lo que podría pasar. Solo estaban el impulso, el instinto, la certeza de que este era el momento hacia el que todo me había estado llevando. El corazón me golpeaba el pecho, no por pánico, sino con una extraña calma que llega cuando sabes exactamente lo que estás llamado a hacer. Era como si cada parte de mí hubiera estado esperando esta llamada, esta oportunidad, esta abertura en el muro que me había mantenido lejos durante tanto tiempo. El propósito no susurra. Se apodera de todo tu cuerpo. Y en ese momento, me llevó hacia delante antes siquiera de que mi mente tuviera tiempo de entender por qué. Ya estaba en el coche, ya salía a la carretera, ya dejaba atrás la vida que había estado viviendo durante diez años. El mundo al otro lado del parabrisas se desdibujaba en franjas de color y sombra, pero dentro de mí, todo estaba nítido, enfocado, vivo de una manera en que no lo había estado en una década. No pensaba en la distancia que tenía por delante ni en el agotamiento que me esperaba. No pensaba en los años que había perdido ni en el daño que no podía deshacer. Pensaba en una sola cosa. Mi hija. La que habían mantenido lejos de mí. La que habían enseñado a olvidarme. La que, en su momento de crisis, me buscó de todos modos.

Y eso bastaba para hacerme seguir adelante.

Bastaba para mantenerme despierto.

Bastaba para mantenerme respirando.

Bastaba para hacerme sentir que tal vez, solo tal vez, la historia no había terminado.

El silencio que había definido los últimos diez años no terminó con un momento apacible. Terminó con urgencia. Terminó con miedo. Terminó con una hija llamando al padre que le habían dicho que borrara. Y mientras conducía en la noche, por el largo tramo de carretera que nos separaba, sentí algo que no había sentido en años. No era exactamente esperanza. La esperanza es demasiado frágil para momentos como este. Lo que sentía era algo más firme. Algo más pesado. Algo parecido a la verdad alzándose de las cenizas de todo lo que me habían arrebatado.

Ese viaje no fue solo un viaje. Fue un cruce. Un giro. La apertura repentina de algo que había permanecido sellado durante demasiado tiempo. Y para cuando el sol empezó a salir, para cuando el cielo se suavizó en la luz pálida de la mañana, supe que nada volvería a ser igual. Ni para mí. Ni para ella. Ni para la historia en la que estábamos a punto de entrar juntos.

Porque en el momento en que la vi allí de pie, esperando, todo dentro de mí cambió. Los diez años de silencio no desaparecieron, pero se resquebrajaron. Cedieron. Hicieron espacio para algo nuevo. Algo frágil. Algo real.

Y ahí es donde comienza el siguiente capítulo.

CAPÍTULO 8

EL PESO DE LA MEMORIA Y LA PRIMERA CONVERSACIÓN

"La memoria es un lugar al que vuelves cuando el presente es demasiado doloroso para sostenerlo."

La memoria es una clase extraña de hogar. Era el único lugar donde todavía podía ver a mis hijas con claridad, no como las jóvenes en las que se habían convertido, sino como las niñas pequeñas que antes corrían hacia mis brazos sin vacilar, sin miedo, sin la voz de otra persona en sus cabezas. La memoria era el único lugar al que no habían alcanzado las mentiras, la distancia, la manipulación, el silencio. Era el único lugar donde yo todavía existía en su mundo. Era el único lugar donde yo todavía era papá.

Pero esa noche, todo cambió. La memoria chocó con la realidad de una manera que nunca esperé. Porque por primera vez en diez años, una de mis hijas no era solo un recuerdo. Estaba sentada a mi lado.

Y nada en mi vida me había preparado para eso.

La primera conversación

"Dos extraños que antes fueron familia intentaban volver a conocerse."

El viaje de regreso desde Naples no parecía real. Parecía un sueño del que me daba miedo despertar. Apenas unas horas antes, yo estaba viviendo mi vida normal, trabajando, moviéndome por inercia, cargando el dolor sordo de diez años sin mis hijas. Había aprendido a vivir con el silencio, aunque nunca dejaba de doler. Había aprendido a cargar la ausencia como una segunda piel. Había aprendido a fingir que estaba bien.

Entonces sonó el teléfono.

Entonces estalló el caos.

Entonces mi hija gritó que quería venir a vivir conmigo.

Y una hora después, ya estaba en la carretera.

Ahora iba sentada en el asiento del pasajero a mi lado, mayor, más alta, a la defensiva, y cargando el peso de una infancia moldeada por la ira de otra persona. Ya no era la niña pequeña que solía quedarse dormida sobre mi pecho. Era una joven que había sobrevivido cosas que yo todavía no comprendía. Era una extraña con el rostro de alguien a quien una vez conocí mejor que a mí mismo.

Éramos padre e hija, pero en ese momento también éramos extraños. Y esa verdad dolía más que cualquier otra cosa.

El silencio que no estaba vacío

La primera hora del trayecto transcurrió en silencio, no un silencio pacífico, sino pesado. Ella miraba por la ventana, con los brazos cruzados y la mandíbula tensa. Su respiración era irregular, de esa clase que queda después de llorar mucho. Las manos le temblaban ligeramente; si era por la adrenalina o por el miedo, no lo podía saber. Seguía secándose la cara con la manga de su sudadera con capucha, tratando de ocultar que había estado llorando, aunque las huellas seguían frescas en sus mejillas.

Mantuve los ojos en la carretera, dándole espacio. No porque no quisiera hablar. Llevaba una década de palabras dentro de mí. Una década de preguntas. Una década de disculpas que nunca debería haber tenido que dar. Una década de amor sin adónde ir. Pero no quería abrumarla. No quería presionarla. No quería arriesgarme a perder la frágil conexión que la había traído a mi coche.

A veces el silencio es el lugar más seguro para empezar.

Pero incluso en el silencio, podía sentir su dolor. Se instaló entre nosotros como un tercer pasajero. Llenaba el coche. Me oprimía el pecho. Hacía temblar mis manos sobre el volante. Quería acercarme. Quería decírselo todo. Quería decirle que estaba segura. Quería decirle que estaba en casa. Pero sabía que no estaba lista para oír nada de eso.

Así que dejé que el silencio respirara.

Las primeras palabras que pronunció

Ocurrió en algún punto de la Interestatal setenta y cinco, mucho después de que el sol de Florida se hubiera hundido a nuestras espaldas. No me miró cuando lo dijo.

"Ya no podía quedarme allí."

Su voz era baja, no débil, sino desgastada. La voz de alguien que había estado librando batallas que nunca debería haber tenido que librar. La voz de una niña que había estado cargando un dolor del tamaño de un adulto. La voz de alguien a quien habían empujado más allá de su punto de quiebre.

Asentí despacio.

"Me alegra que llamaras", dije. "Me alegra que estés aquí."

No respondió.

Pero tampoco se cerró.

Y eso ya era algo.

Sus hombros descendieron apenas un poco, como si hubiera estado conteniendo la respiración durante demasiado tiempo y por fin hubiera dejado salir un poco de aire. Fue el cambio más pequeño, pero lo sentí. Sentí el comienzo de algo. No confianza. Todavía no. Pero la posibilidad de confianza.

Las preguntas que revelaron las mentiras

Un poco después, se movió en su asiento y preguntó,

"Papá, ¿por qué nunca viniste a vernos a California?"

La pregunta me golpeó como un puñetazo, no porque la hiciera, sino porque creía la historia que había detrás. Una historia que le habían inculcado durante años. Una historia que me retrataba como ausente, indiferente, desinteresado. Una historia que borraba todo lo que yo había hecho para tratar de seguir en su vida.

Tomé aire.

"Quería hacerlo", dije. "Más que nada. Pero no podía costear el viaje. No podía hacerlo posible. Y no quería hacerte las cosas más difíciles."

Frunció el ceño, confundida.

"Mamá dijo que no lo intentaste."

Ahí estaba. La mentira que había dado forma a su infancia. La mentira que me había reescrito en su mente. La mentira que nos había robado diez años.

"Lo intenté", dije en voz baja. "Lo intenté cada día. Nunca dejé de querer verte."

No respondió de inmediato. Solo se quedó mirando el tablero, procesando una verdad que no encajaba con la historia con la que había crecido. Podía ver su mente trabajando, tratando de reconciliar dos versiones del mismo padre. Una real. Una inventada.

Y ese momento fue la primera grieta en el muro.

El dolor detrás de su ira

A medida que pasaban las millas, la conversación se fue abriendo en pedazos pequeños y frágiles. Me habló de la pelea, de los gritos, de las cosas arrojadas, del portátil, de salir corriendo de la casa. Me habló de sentirse no escuchada. De sentirse atrapada. De sentir que no tenía a nadie.

Y entonces dijo algo que me quebró.

"No pensé que fueras a venir."

Apreté el volante con más fuerza.

"Siempre iré a buscarte", dije. "Siempre."

Entonces me miró, me miró de verdad, y vi que algo cambiaba en sus ojos.

No era confianza.

No era perdón.

No era certeza.

Era posibilidad.

La posibilidad de que quizá le hubieran mentido.

La posibilidad de que quizá yo la hubiera amado desde siempre.

La posibilidad de que quizá, después de todo, sí tuviera un padre.

La primera grieta en el muro

Más tarde, hizo otra pregunta.

"¿Por qué no llamaste más?"

Tragué saliva.

"Sí llamé", dije. "Pero no me permitían hablar contigo. No me dieron tu número. No me dieron acceso. No me dieron nada."

Parpadeó, atónita.

"Mamá dijo que no querías."

Negué con la cabeza.

"Quería hacerlo todos los días."

Ella no lloró. Yo tampoco. Pero el aire entre nosotros cambió, se suavizó, como si por fin se hubiera dejado algo pesado en el suelo. Como si una verdad por fin hubiera encontrado el camino hasta un lugar que había estado cerrado durante años.

El momento en que volvió a permitirse ser hija

En algún lugar de Georgia, suspiró y apoyó la cabeza contra la ventanilla.

"Estoy cansada", susurró.

"Duerme", dije. "Estás a salvo."

Dudó, solo un instante, luego se acurrucó en el asiento y cerró los ojos.

Y por primera vez en diez años, vi dormir a mi hija.

No en una captura de pantalla.

No en un recuerdo.

No en un sueño.

En la vida real.

En mi coche.

Bajo mi cuidado.

Y ese momento, silencioso, simple, frágil, significó más de lo que cualquier reencuentro dramático podría haber significado jamás. Porque era real. Porque había sido ganado.

Porque era la primera vez en una década que se permitía descansar en mi presencia.

El comienzo de algo real

Cuando por fin entramos en el camino de mi casa, miró a su alrededor despacio, absorbiéndolo todo. La luz del porche. La grava. Los árboles. La casa que la había estado esperando durante una década.

"Este es tu hogar ahora", dije. "No es lo mejor del mundo, pero es hogar."

Asintió, un pequeño asentimiento, firme.

No entusiasmo. No certeza.

Sino aceptación.

Y a veces, eso basta para empezar a sanar.

La memoria se encuentra con la realidad

No se trataba de respuestas. No se trataba de arreglar diez años en una sola noche. No se trataba de perfección.

Se trataba de dos personas, un padre y una hija, dando el primer paso real el uno hacia el otro después de una década de silencio.

Un comienzo.

Un comienzo frágil, hermoso, necesario.

Y los comienzos, incluso los dolorosos, son donde la verdad por fin empieza a respirar de nuevo.

CAPÍTULO 9

EL PADRE QUE SIGO SIENDO Y LA ADAPTACIÓN A UNA NUEVA VIDA

"El amor no desaparece cuando no tiene adónde ir."

Traer a mi hija a casa después de diez años separados no fue el final de la historia. Fue el comienzo de una nueva. Complicada. Dolorosa. Necesaria. En cuanto entró en mi casa, el aire cambió. No porque de pronto todo se hubiera sanado, ni mucho menos, sino porque, por primera vez en una década, estábamos en el mismo espacio, respirando el mismo aire, tratando de averiguar qué éramos ahora el uno para el otro.

Hay una clase extraña de dolor que acompaña a la reunificación. No es el dolor de la pérdida. Es el dolor de la posibilidad. El dolor de una esperanza que intenta crecer en una tierra abrasada durante años. La verdad es que la reunificación no es un reencuentro. Es un desenmarañamiento. Y ese desenmarañamiento comenzó de inmediato.

Adaptarse a una nueva vida

"Verdad, tensión y el lento desenmarañamiento de la manipulación."

Los primeros días fueron silenciosos de un modo que no tenía nada de pacífico. Era como el silencio antes de una tormenta, esa clase de silencio en la que puedes oír tu propio corazón latir porque la casa contiene la respiración. Dormía mucho, pero no era un sueño reparador. Era la clase de sueño en la que una persona cae cuando su cuerpo está tratando de escapar de su mente. Comía poco, picoteando la comida como si tuviera miedo de servirse demasiado. Se mantenía apartada, vagando de habitación en habitación como un fantasma que intentara recordar lo que era sentirse viva.

Su cuerpo estaba en Tennessee, pero su mente seguía enredada en el caos del que había escapado. Se movía por la casa como alguien que no estaba segura de tener permiso para existir en ella. Caminaba con suavidad, con cautela, como si temiera romper algo con solo estar presente. Dejaba sus zapatos junto a la puerta, como si esperara irse en cualquier momento. Pedía permiso para abrir el refrigerador. Pedía perdón por ocupar espacio. Pedía perdón por respirar demasiado fuerte. Pedía perdón por existir.

Y cada disculpa me cortaba en un lugar que no sabía que seguía sangrando.

Porque los niños no piden perdón por existir a menos que alguien les haya enseñado que son una carga.

Y entonces comenzaron las preguntas.

Preguntas que no coincidían con la verdad

Llegaron despacio al principio, cautelosas, vacilantes, casi en susurros. Preguntas que llevaban las huellas dactilares de la voz de otra persona. Preguntas que no le pertenecían, pero vivían dentro de ella como semillas plantadas mucho tiempo atrás.

"Papá, ¿de verdad no querías vernos?"

"Mamá dijo que nunca lo intentaste."

"¿Por qué no viniste a California?"

"¿Por qué no llamaste?"

"¿Por qué no luchaste más?"

Cada pregunta era una herida que se reabría. No porque las hiciera, sino porque creía en las mentiras lo suficiente como para hacerlas. Porque alguien la había alimentado con esa historia durante tanto tiempo que ya no podía distinguir dónde terminaba la verdad y empezaba la manipulación.

Respondí a cada una de las preguntas con honestidad. Con calma. Con delicadeza. No me defendí. No ataqué a su madre. No intenté obligarla a ver la verdad. Simplemente le dije lo que había sucedido.

"Lo intenté."

"Quería hacerlo."

"No me lo permitieron."

"No tenía acceso."

"Nunca dejé de amarte."

A veces asentía. A veces parecía confundida. A veces parecía enojada, no conmigo, sino al darse cuenta de que la historia con la que la habían alimentado no coincidía con la verdad. Podía ver su mente tratando de reconciliar dos mundos que no encajaban entre sí. Podía ver su corazón tratando de entender cómo ambos podían sentirse reales. Y esa confusión fue la primera grieta en el muro que había construido su madre. Pero las preguntas no eran la parte más difícil. Lo era el comportamiento.

El comportamiento que no era suyo

El tono. La actitud. La falta de respeto. Los insultos. Palabras que ningún hijo debería decirle a un padre, y menos a un padre que acababa de conducir trece horas y media para rescatarla. Pero las dijo. Y cada vez que lo hacía, sentía que algo dentro de mí se tensaba, no por rabia, sino por duelo. Porque yo sabía que esas palabras no eran suyas.

La voz de su madre vivía en sus reacciones. La rabia de su madre vivía en su tono. La manipulación de su madre vivía en el espacio entre nosotros. La habían entrenado para verme como el villano, la habían entrenado para esperar la decepción, la habían entrenado para creer que la había abandonado. Tenía que recordarme una y otra vez que ella no era el enemigo. Era la víctima de una historia que no había escrito.

La tercera persona invisible en la habitación

Aunque vivía conmigo, su madre seguía allí, no físicamente, sino emocionalmente. Cada vez que le vibraba el teléfono. Cada vez que salía para hablar. Cada vez que volvía a entrar, con una actitud distinta de la que tenía al salir. La influencia de su madre era una sombra en la habitación.

Algunas llamadas la dejaban en silencio.

Algunas la dejaban enojada.Algunas la dejaban llorando. Algunas la dejaban fría.

Y algunas la dejaban repitiendo cosas que no eran suyas.

"Eres un padre irresponsable."

"No te importábamos."

"Nos abandonaste."

"Nunca lo intentaste."

Ninguna de esas palabras le pertenecía. Todas habían sido sembradas. Todas habían sido ensayadas. Todas eran armas que ella no sabía que estaba sosteniendo. Y cada vez que las decía, yo sentía el peso de diez años cayendo sobre los dos.

La manipulación que nunca se detuvo

Su madre no dejó de manipularla solo porque mi hija hubiera salido de la casa. En todo caso, redobló la apuesta. Usó la culpa. Usó el miedo. Usó la presión emocional. Usó promesas. Usó sobornos.

"Vuelve, y te conseguiré un perro."

"Vuelve a casa, y seré menos estricta."

"Vuelve, y yo pagaré todo."

"Vuelve a casa, y podrás hacer lo que quieras."

"Vuelve a tu buena vida aquí."

No era crianza. Era control disfrazado de amor. Era posesión disfrazada de preocupación. Era manipulación disfrazada de cuidado. Y mi hija, ya confundida, ya herida, no sabía cómo orientarse en medio de eso. Estaba tratando de construir una nueva vida conmigo mientras seguía siendo arrastrada de vuelta a la antigua. Estaba tratando de aprender la verdad mientras seguían alimentándola con mentiras. Estaba tratando de sanar mientras seguía siendo herida.

La tensión que creció entre nosotros

Algunos días eran buenos. Algunos días parecían un avance. Algunos días sonreía, se reía, se abría. Algunos días, se permitía volver a ser una hija, aunque solo fuera por un momento. Pero otros días había tormentas. Discusiones que surgían de la nada. Acusaciones que no le pertenecían. Muros que se levantaban más rápido de lo que yo podía derribarlos. Ella estaba dividida entre dos mundos, el que había dejado atrás y el que estaba tratando de entender. Y yo quedaba atrapado en medio, tratando de tener paciencia, tratando de mantenerme firme, tratando de ser el padre que ella merecía, incluso cuando no sabía cómo dejarme serlo.

Había noches en que daba portazos. Noches en que lloraba hasta quedarse dormida. Noches en que se negaba a hablarme. Noches en que estallaba porque no sabía qué hacer con el dolor que llevaba dentro.

Y había noches en que yo me sentaba solo en la sala, mirando la pared, preguntándome si estaba haciendo algo de esto bien. Preguntándome si la estaba ayudando o lastimando. Preguntándome si el amor bastaba para deshacer diez años de mentiras.

La verdad bajo el caos

A pesar de la tensión, a pesar de la manipulación, a pesar de la confusión, a pesar del dolor, lo estábamos intentando.

Intentando hablar.

Intentando entender.

Intentando reconstruir.Intentando desaprender. Intentando sanar.

Intentarlo, incluso cuando era desordenado, fue el primer paso real hacia algo mejor. Se trataba de supervivencia. Se trataba de verdad. Se trataba del lento y doloroso desenredo de una década de mentiras. Se trataba de un padre y una hija de pie entre los escombros de la historia de otra persona, tratando de construir algo real a partir de los pedazos.

Y eso preparó el terreno para lo que vino después.

CAPÍTULO 10

LA VERDAD QUE SOBREVIVIÓ Y EL PUNTO DE QUIEBRE

"Las mentiras pueden enterrar a una persona, pero la verdad tiene una manera de respirar bajo tierra."

Hay un momento en toda lucha larga en el que dejas de intentar convencer al mundo de tu verdad y empiezas a sostenerla en silencio dentro de ti, como una llama resguardada entre las manos. No porque la verdad haya cambiado, sino porque tú has cambiado. Llega un punto en el que te das cuenta de que ningún tribunal, ningún juez, ningún extraño entenderá jamás la profundidad de lo que viviste. Nunca sentirán las noches que pasaste despierto. Nunca sentirán el dolor en el pecho cuando la voz de tu hijo desapareció. Nunca sentirán el peso de ser borrado. Y dejas de intentar que lo hagan.

Durante años, intenté demostrar quién era. Ante el tribunal. Ante el sistema. Ante las personas que creyeron las mentiras. Ante las personas a las que no les importó lo suficiente como para mirar más hondo. Ante las personas a las que les resultó más fácil aceptar una narrativa que cuestionarla. Pasé años intentando defenderme de sombras, de historias que nunca fueron ciertas, de una versión de mí que solo existía en el miedo y la rabia de otra persona. Seguía pensando que, si tan solo lo explicaba mejor, si tan solo mostraba suficientes pruebas, si tan solo seguía siendo paciente, alguien por fin vería la verdad.

Pero la verdad no necesita audiencia. No requiere permiso. No necesita validación. La verdad, sencillamente, es. Y aun enterrada bajo acusaciones, distancia y silencio, sobrevive. Espera. Respira bajo tierra. Conserva su forma incluso cuando todo a su alrededor intenta deformarla. Se convierte en una compañera silenciosa, algo que aprendes a llevar sin mostrar, algo que proteges incluso cuando nadie más lo cree.

Pero la verdad que sobrevive y la verdad dicha en voz alta no son lo mismo. Una vive dentro de ti. La otra tiene que abrirse paso a la fuerza. Y la noche en que por fin todo se abrió de golpe, la noche en que las mentiras se resquebrajaron y la verdad salió a la superficie, fue la noche en que me di cuenta de cuán profundo llegaba el daño.

EL PUNTO DE QUIEBRE

"Cuando por fin todo explota y por fin cobra sentido."

Todo proceso de reconstrucción tiene un momento en el que todo llega a un punto crítico, un momento en que el peso del pasado, la tensión del presente y el miedo al futuro chocan. Para nosotros, ese momento no llegó en silencio. La presión por fin reventó, y llegó como una tormenta.

La tensión llevaba semanas acumulándose. La manipulación de su madre. Su confusión. Su rabia. Su culpa. Su miedo. Su lealtad tironeada en dos direcciones. Su corazón intentaba reconciliar dos versiones del mismo padre, una real y otra inventada. Intentaba sostener dos mundos en sus manos, y ambos se le escurrían entre los dedos.

Y entonces, una noche, todo estalló.

Estábamos discutiendo, no por nada importante, solo por algo pequeño que se salió de control rápidamente. Algo insignificante en la superficie, pero cargado con todo lo que había estado llevando dentro durante años. Su voz se elevó. La mía se mantuvo serena. Pero el aire estaba espeso con todo lo que había estado guardando por dentro. Pude sentirlo antes de que lo dijera. Pude sentir el cambio en la habitación, la forma en que sus ojos se endurecieron, la forma en que sus hombros se tensaron, la forma en que su respiración cambió.

Entonces lo dijo: palabras que no eran suyas.

"Eres un padre irresponsable. Nunca te importamos."

Me golpeó como un puñetazo. No porque yo lo creyera. Sino porque ella sí, o al menos una parte de ella. Porque alguien había plantado esas palabras en su corazón mucho antes de que ella las pronunciara. Porque esas palabras habían estado esperando dentro de ella, esperando un momento de debilidad, esperando un momento de confusión, esperando un momento en que se sintiera acorralada.

No grité. No di portazos. No le devolví sus palabras. Solo me quedé ahí, sintiendo que algo dentro de mí se quebraba. No era rabia. No era defensa. Era algo más hondo. Algo parecido al duelo.

"¿Eso es lo que de verdad piensas?" pregunté en voz baja.

Se quedó inmóvil. Su rostro se suavizó. Sus ojos se llenaron de algo que parecía arrepentimiento, o miedo, o ambas cosas.

"Yo… yo no sé", susurró.

Y esa era la verdad. No sabía. No sabía qué era real. No sabía a quién creerle. No sabía cómo separar la voz de su madre de la suya propia. Había sido criada en un mundo donde la verdad se torcía, donde el amor se convertía en arma, donde la lealtad se exigía, no se ganaba. Le habían enseñado a dudar de mí antes incluso de tener la oportunidad de conocerme.

Este fue el momento en que todo se abrió de golpe.

Más tarde esa noche, entró en mi habitación. Yo estaba sentado al borde de mi cama, con la cabeza baja, apoyado sobre ambas manos, tratando de entender la confusión que sentía, tratando de entender cómo se podía arrastrar a una hija tan lejos de la verdad que no pudiera reconocer a su propio padre. Levanté la vista hacia ella con lágrimas en los ojos. Vi que tenía los ojos enrojecidos. Cuando empezó a hablar, pude oír que su voz sonaba pequeña.

"Papá… lo siento."

Se quedó en el umbral como si no estuviera segura de tener permitido acercarse más. Como si tuviera miedo de romper algo simplemente por dar un paso hacia delante.

"No sé por qué dije eso", susurró. "Es solo que… me confundo tanto. Mamá dice cosas, y… ya no sé qué es verdad."

Asentí lentamente.

"Lo sé", dije. "Y está bien que estés confundida. Te han dicho muchas cosas durante mucho tiempo."

Se secó los ojos.

"No quiero hacerte daño."

"No me estás hiriendo", dije. "Estás herida por lo que te han hecho."

Eso la quebró.

Caminó hasta la cama, se sentó a mi lado y lloró. No de esa manera ruidosa, sino de esa manera silenciosa, agotada, que nace de cargar demasiado durante demasiado tiempo. El tipo de llanto que nace de una niña que ha sido fuerte durante demasiados años. El tipo de llanto que nace de alguien que por fin se suelta. Y por primera vez desde que vino a vivir conmigo, se permitió ser vulnerable.

La verdad que por fin vio

Cuando por fin se calmó, dijo algo que nunca olvidaré.

"Papá… creo que mamá me ha estado mintiendo."

No lo dijo con ira. No lo dijo con odio. No lo dijo con venganza. Lo dijo con el corazón roto. Porque darse cuenta de que la persona en quien más confiabas te ha estado manipulando es una clase de duelo en sí misma. Es la muerte de una creencia. La muerte de una historia. La muerte de una versión de tu vida que creías real.

No lo celebré. No dije: "te lo dije". No la presioné.

Solo dije: "Estoy aquí. Y no me voy a ir a ninguna parte."

Y por primera vez, me creyó.

El punto de quiebre no fue el final

Esa noche no arregló todo. No borró el pasado. No sanó mágicamente las heridas. Pero sí hizo algo igual de importante.

Rompió la ilusión.

Hizo añicos las mentiras.

Resquebrajó los cimientos de la manipulación.

Abrió una puerta a la verdad, una verdad dolorosa, desordenada, pero verdad al fin y al cabo.

Y a veces, el punto de quiebre no es el momento en que todo se derrumba.

A veces, es el momento en que todo por fin empieza a recomponerse.

CAPÍTULO 11

SI ALGUNA VEZ LEEN ESTO Y MI LENTA RECONSTRUCCIÓN

"Algunas palabras se escriben para el día en que un corazón por fin se abre."

Hay cosas que un padre carga en silencio porque no hay a quién decírselas. Hay verdades que viven en el pecho como un segundo latido, firme, constante e invisible. Y hay palabras que nunca encuentran su camino hacia el mundo, porque las personas a quienes van dirigidas están demasiado lejos para oírlas. Durante años, guardé esas palabras dentro de mí. Palabras para mis hijas. Palabras que nunca pude decir. Palabras que ensayaba en mi mente durante las largas noches en que el silencio se sentía más pesado que mi propio cuerpo. Palabras que, en mis oraciones, pedía que algún día quisieran escuchar. Las llevé conmigo como un hombre lleva una herida con la que ha aprendido a vivir, no porque hubiera sanado, sino porque no tenía otra opción.

Este capítulo comenzó como una carta para ellas, un mensaje para el día en que por fin quisieran la verdad. Pero la vida tenía otros planes, porque antes de que ellas llegaran a leer estas palabras, una de ellas las vivió en carne propia. Y eso lo cambió todo.

Hay algo sagrado en ver a un hijo redescubrir la verdad por sí mismo. No es estruendoso. No es dramático. Es silencioso, casi frágil, como ver abrirse una flor después de años de sequía. Sucede en momentos pequeños, en la manera en que te miran, en la manera en que respiran a tu lado, en la manera en que se permiten bajar la guardia incluso cuando tienen miedo. Yo vi eso en ella. Vi la verdad alzarse en su interior como un amanecer que no sabía que tenía derecho a mirar. Y por primera vez en una década, sentí una esperanza que no dolía sostener.

LA LENTA RECONSTRUCCIÓN

"La esperanza, el progreso y el momento en que todo volvió a temblar."

Por primera vez en diez años, la vida empezó a sentirse como algo cercano a lo normal. No perfecta. No fácil. Pero real. Mi hija y yo estábamos conociéndonos de nuevo, no como las personas en las que nos habían obligado a convertirnos, sino como las personas que de verdad éramos, debajo de todos aquellos años de distancia y manipulación. En ella regresaba una ternura que yo no había visto desde que era pequeña. Una curiosidad. Una disposición a intentarlo. Y por un tiempo, funcionó. Por un tiempo, parecía que el mundo por fin había dejado de girar el tiempo suficiente para que pudiéramos quedarnos quietos.

Las primeras señales de sanación

Las primeras semanas estuvieron llenas de pequeñas victorias. Empezó a abrirse. Se reía más. Hacía preguntas sin esa rabia detrás. Se sentaba conmigo a la mesa en vez de esconderse en su habitación. Me ayudaba a cocinar. Veía películas conmigo. Incluso a veces bromeaba, con ese tipo de humor que me recordaba a la niña que yo había conocido.

Hubo momentos en que me miraba con una ternura que parecía un recuerdo volviendo a ella. Momentos en que se permitía descansar en la seguridad que le habían negado durante tanto tiempo.

La confianza se estaba reconstruyendo. Lentamente. Frágil, pero real. Estábamos aprendiendo a convivir, a compartir el espacio, a comunicarnos, a existir sin que la sombra de la voz de su madre controlara cada momento. Había noches en que se sentaba a mi lado en el sofá, y yo podía sentir que intentaba permitirse relajarse, intentaba permitirse creer que estaba a salvo. Por primera vez en una década, sentí que había recuperado a mi hija. Y ella también lo sentía. Podía verlo en la forma en que se quedaba un poco más antes de irse a dormir, como si no quisiera que el día terminara. Podía verlo en la forma en que me preguntaba si quería ver otro episodio. Podía verlo en la forma en que se permitía sonreír sin miedo.

Pero la sanación no se trata solo de los momentos que se sienten bien. También se trata de los momentos que revelan cuánto dolor sigue viviendo bajo la superficie. Y esos momentos también llegaron.

El plan de crianza que por fin significaba algo

Durante diez años, el plan de crianza no había sido más que papel - ignorado, tergiversado, usado como arma o simplemente olvidado. Pero ahora, por primera vez, importaba. Ella estaba conmigo durante el tiempo de crianza programado que me correspondía. Estaba a salvo. Estaba sanando. Estaba empezando a ver la verdad. Esta era mi oportunidad de hacer las cosas bien, de darle la estabilidad que nunca le habían permitido tener. Quería darle un hogar que se sintiera como un refugio, no como un campo de batalla. Quería que supiera cómo se sentía la paz. Pero la sanación no es una línea recta. Y la manipulación no se detiene solo porque alguien cambie de casa.

La manipulación que no la dejaba ir

Su madre nunca dejó de llamar. Nunca dejó de presionar. Nunca dejó de intentar arrastrarla de vuelta. Algunos días, las llamadas eran dulces, llenas de promesas, regalos y un afecto empapado de culpa. Otros días, estaban llenas de ira, acusaciones, presión y trampas emocionales. Y mi hija, aún frágil, aún confundida, aún tratando de entender qué era real, quedaba atrapada en medio. Estaba intentando construir unos nuevos cimientos conmigo, mientras seguía de pie sobre los agrietados que su madre había creado. El progreso que lográbamos durante el día podía deshacerse con una sola llamada por la noche. Podía verlo en sus ojos. En cómo se apagaban. En cómo se le tensaban los hombros. En cómo le cambiaba la voz. Y al final, la presión fue demasiado.

La crisis

Seis semanas después de traerla a casa, todo se vino abajo. Empezó de a poco: frustración, mala actitud y tensión. Luego escaló: gritos, portazos, caminar de un lado a otro y llanto. Luego se convirtió en algo más profundo: miedo, agobio y sobrecarga emocional. Dijo que quería irse. Dijo que quería volver con su madre. Dijo que ya no podía soportar la presión. Pero no era a mi forma de criarla a lo que estaba reaccionando. Era a la manipulación. A la culpa. Al tira y afloja emocional en el que había estado atrapada durante años. No estaba tratando de huir de mí. Estaba tratando de huir del caos que llevaba dentro. Y entonces dijo algo que me detuvo el corazón, algo que dejó claro que estaba en una crisis emocional y que necesitaba ayuda inmediata. Expresó pensamientos que ningún niño debería tener jamás, pensamientos que mostraban que estaba abrumada y que no estaba bien.

La llamada que nunca quise hacer

No llamé a la policía porque estuviera siendo difícil. No llamé porque estuviera gritando. No llamé porque quisiera irse. Llamé porque estaba en una crisis emocional. Porque estaba abrumada. Porque tenía miedo. Porque estaba diciendo cosas que mostraban que necesitaba el apoyo que yo solo no podía darle. Y porque la amaba lo suficiente como para tomarla en serio. Los agentes llegaron con calma. Con profesionalidad. Hablaron con ella con suavidad. Se aseguraron de que estuviera a salvo. Se aseguraron de que no estuviera sola en ese momento. No se trataba de castigo. No se trataba de control. No se trataba de obligarla a quedarse. Se trataba de protegerla.

Las secuelas

Cuando por fin las cosas se calmaron, estaba agotada, emocionalmente exhausta, confundida y avergonzada. No entendía por qué se sentía así. No entendía por qué sentía que todo dentro de ella se estaba rompiendo. No entendía por qué el progreso que habíamos logrado de pronto se sentía tan frágil. Pero yo sí lo entendía. Llevaba diez años cargando peso emocional. Diez años de manipulación. Diez años de confusión. Diez años de que alguien que necesitaba el control más que la verdad le dijera quién era yo y quién era ella. Y ahora, por primera vez, estaba tratando de ordenar todo eso. Ese tipo de desmoronamiento no ocurre en silencio. Desgarra a una persona. Sacude las paredes de un hogar. Los deja a ambos de pie entre los escombros, tratando de averiguar qué pedazos todavía les pertenecen.

La lenta reconstrucción continúa

La crisis no borró el progreso que habíamos logrado. No deshizo la confianza que habíamos reconstruido. No significaba que no me amara o que no quisiera estar conmigo. Significaba que estaba herida. Significaba que estaba abrumada. Significaba que necesitaba ayuda para navegar emociones que nunca le habían permitido expresar. Y yo seguía allí. Seguía firme. Seguía siendo su padre. La lenta reconstrucción no terminó esa noche. En todo caso, esa noche nos mostró cuánto quedaba todavía por reconstruir y lo importante que era que siguiéramos adelante. Porque sanar no es una línea recta. Es un círculo. Una espiral. Un regreso a las mismas heridas, pero con fuerzas renovadas. Y por fin estábamos recorriendo ese camino juntos.

CAPÍTULO 12

EL PUNTO DE GIRO

"Algunas verdades no llegan con suavidad. Irrumpen a la fuerza."

Sanar nunca es una línea recta. Es un círculo, que gira y se enrosca, que vuelve a viejas heridas de nuevas maneras hasta que por fin la verdad se asienta en su lugar. Seis semanas después de que mi hija vino a vivir conmigo, sobrevivimos nuestra primera crisis. Lloramos. Hablamos. Habíamos reconstruido. Habíamos comenzado de nuevo. Por un momento, pareció que por fin estábamos entrando en un nuevo capítulo, uno en el que el pasado ya no dictaba cada respiro. Pero sanar no se trata solo de lo que ocurre dentro de un hogar, también se trata de lo que ocurre fuera de él. Y en nuestro caso, la presión exterior nunca se detuvo. Se apretaba contra las paredes de nuestra casa como una tormenta intentando abrirse paso a la fuerza.

El nuevo año comienza con viejas heridas

Enero debería haberse sentido como un nuevo comienzo. Una página en blanco. Una oportunidad de respirar después de la tormenta emocional que acabábamos de capear. Pero, en lugar de eso, el nuevo año llegó como un peso que se nos posó sobre los hombros en cuanto cambió el calendario. Mi hija seguía frágil, todavía tratando de comprender sus emociones, todavía intentando separar sus propios pensamientos de los que le habían inculcado durante años. Ella lo estaba intentando. Yo lo estaba intentando. Los dos lo estábamos intentando. Pero su madre no. Cada llamada, cada mensaje, cada conversación de parte de su madre llevaba el mismo veneno. El mismo guion. El mismo intento de arrastrarla de nuevo a un mundo construido sobre el miedo y la distorsión.

"¿Ves? Te dije que no había cambiado."

"Es la misma persona de la que te advertí."

"Aquí estás mejor."

"Tienes que volver a casa."

No importaba que nada de eso fuera verdad. No importaba que ella estuviera a salvo. No importaba que por fin estuviera empezando a sanar. Su madre necesitaba control, y no iba a soltarlo fácilmente. La verdad no importaba. Solo importaba la narrativa.

La segunda llamada a la policía: caos fabricado

Una noche, todo volvió a escalar. No por nada que estuviera ocurriendo en mi casa. No por una pelea. No por peligro alguno. Sino porque su madre, a cientos de millas de distancia, de vacaciones en Tahoe, decidió llamar al departamento del sheriff de Tennessee. Les dijo que estaba ocurriendo una disputa doméstica entre mi hija y yo. No era cierto. No había gritos. Ni violencia. Ni amenazas. Ni peligro. El único conflicto era emocional. Mi hija quería irse, y yo le recordé que era menor de edad y que no era seguro ni legal que simplemente se fuera. Pero a su madre no le importaba la verdad. Le importaba la narrativa. Y llamar a la policía desde el otro lado del país era su manera de apretar más su control, su manera de recordarle a mi hija que ella seguía observando, seguía controlando, seguía moviendo los hilos incluso desde la distancia.

El golpe en la puerta

Cuando llegaron los agentes del sheriff, la expresión de mi hija cambió al instante.

Miedo. Confusión. Vergüenza. Ira. No contra mí, sino contra la situación. Contra la manipulación. Contra la presión de la que no podía escapar. Los agentes estaban tranquilos y fueron profesionales. Hicieron preguntas. Verificaron cómo estaba. Se aseguraron de que estuviera segura. Y lo estaba. Pero el daño ya estaba hecho. Porque en el momento en que la policía se fue, su teléfono volvió a iluminarse. Su madre estaba llamando. Presionando. Agitando. Alimentando el fuego. Y mi hija, ya abrumada, ya frágil, ya desgarrada entre dos mundos, no pudo soportar la presión. La vi derrumbarse bajo un peso que nunca estuvo destinada a cargar.

La espiral emocional

La interferencia de su madre no solo interrumpió la noche. Interrumpió su manera de pensar. Retorció sus emociones hasta que ya no podía distinguir dónde terminaba su propia voz y dónde comenzaba la voz de su madre.

"Ella tiene razón", dijo mi hija entre lágrimas.

"Dijo que tú no cambiarías".

"Dijo que empeorarías todo".

"Dijo que lamentaría haber venido aquí".

Nada de eso era verdad. Pero cuando alguien ha sido condicionado durante años a creer una determinada historia, hasta las mentiras pueden sentirse familiares. Y lo familiar puede sentirse seguro. Ella no estaba eligiendo a su madre por encima de mí. Estaba eligiendo la versión de la realidad en la que la habían criado. Y esa es una batalla que ningún niño debería tener que librar jamás.

Las grietas en su identidad

Lo que en ese momento no entendía del todo, lo que solo aprendí después, era que mi hija no solo estaba lidiando con la manipulación. Estaba lidiando con un colapso de identidad. Durante años, le habían dicho quién era yo. Durante años, le habían dicho quién era ella. Durante años, le habían enseñado a ver el mundo a través de la lente de otra persona. Venir a vivir conmigo no solo cuestionaba sus creencias. Cuestionaba todo su sentido de sí misma. Cada momento de paz conmigo se sentía como una traición a su madre. Cada momento de conexión se sentía como deslealtad. Cada momento de sanación se sentía como una violación de la narrativa con la que la habían criado. No solo estaba desgarrada entre dos padres. Estaba desgarrada entre dos versiones de sí misma.

El punto de inflexión - pero no el que yo esperaba

La gente habla de los puntos de inflexión como si fueran momentos de claridad, momentos en los que de repente todo tiene sentido. Pero a veces un punto de inflexión es el momento en que te das cuenta de lo profundo que llega el daño. De lo fuerte que es la manipulación. De cuánta sanación todavía hace falta. Este no fue el momento en que las cosas mejoraron. Fue el momento en que la verdad se volvió imposible de ignorar. Mi hija no solo estaba luchando conmigo. Estaba luchando con años de condicionamiento emocional. Estaba luchando con la culpa. Estaba luchando con sus lealtades. Estaba luchando con el miedo. Estaba luchando con la presión de dos mundos, que la estaban partiendo en dos. Y su madre, incluso al otro lado del país, seguía moviendo los hilos.

La parte más difícil de aceptar

Esa noche, mi hija dijo algo que me destrozó.

"Ya no quiero estar aquí".

No porque no me quisiera. No porque no se sintiera segura. No porque yo hubiera hecho algo mal. Sino porque la presión era demasiada. La manipulación era demasiado fuerte. El tira y afloja emocional la estaba desgarrando. Y ella no sabía cómo manejarlo. No me estaba rechazando. Se estaba ahogando.

La verdad bajo el dolor

Esa noche me obligó a ver algo que no había querido enfrentar. Mi hija no estaba luchando contra mí. Estaba luchando contra todo lo que le habían enseñado. Todo lo que le habían dicho. Todo lo que la habían condicionado a creer. Y esa clase de batalla no termina en un solo momento. Hace falta tiempo. Hace falta paciencia. Hace falta compasión. Hace falta comprensión. Y hace falta un padre que se niegue a rendirse, incluso cuando el mundo intenta volver a arrebatarle a su hija.

CAPÍTULO 13
EL ALEJAMIENTO

"Algunas tormentas no te arrastran porque seas débil. Te arrastran porque eres humano."

Hay momentos en la vida de un padre que se graban en la memoria tan profundamente que, incluso años después, todavía puedes sentir el aire, el peso, el dolor de aquellos instantes. No se desvanecen. No se suavizan. Siguen afilados, como vidrio bajo la piel. Se quedan dentro de ti, esperando los momentos de silencio, esperando las noches en que el mundo se desacelera lo suficiente para que la verdad vuelva a salir a la superficie. El día en que mi hija se apartó de mí fue uno de esos momentos. Fue el tipo de momento que te roba el aliento y te deja de pie en una habitación que de pronto, se siente demasiado grande y demasiado pequeña al mismo tiempo. El tipo de momento que te hace cuestionar todo lo que creías haber reconstruido.

No ocurrió por nada que yo hubiera hecho. No ocurrió porque ella no se sintiera segura. No ocurrió porque no me amara. Ocurrió porque la presión sobre ella, la manipulación, la culpa, el tira y afloja emocional, todo eso, al final, se volvió demasiado para que pudiera soportarlo. Llevaba tanto tiempo estirada entre dos mundos que ya no sabía cuál le pertenecía. Y su madre sabía exactamente cómo tirar del último hilo. Sabía cómo retorcer el cuchillo sin tocarlo nunca. Sabía cómo usar el miedo como un lenguaje y la culpa como una correa. Y mi hija, ya frágil, ya abrumada, ya ahogándose en una tormenta que no había creado, no pudo seguir resistiendo.

La llamada que lo cambió todo

Después de la segunda llamada a la policía, la que su madre hizo desde Tahoe, todo se descontroló rápidamente. Mi hija estaba abrumada. Confundida. Emocionalmente agotada. Todavía intentando entender qué era real y qué le habían sembrado en la mente durante años. Intentaba mantenerse en pie sobre un suelo que no dejaba de moverse bajo sus pies. Intentaba respirar a través de una niebla que alguien más no dejaba de espesar. Podía verlo en sus ojos. El miedo. La duda. El agotamiento que iba más hondo de lo que el sueño podía reparar.

Su madre, al percibir esa vulnerabilidad, presionó aún más. Sabía exactamente cuándo atacar. Exactamente cuando mi hija estaba demasiado cansada para resistirse. Exactamente en el momento en que sabía que su voz sonaría más fuerte que los propios pensamientos de mi hija.

"Tú no perteneces ahí."

"Él no ha cambiado."

"Necesitas volver a casa."

"Conmigo estás más segura."

"Él es el problema."

No importaba que nada de eso fuera verdad. No importaba que mi hija hubiera vivido conmigo durante semanas y hubiera visto la verdad con sus propios ojos. Importaba que creyera más en la voz de su madre que en la suya propia. Importaba que la hubieran condicionado a confiar más en el miedo que en la realidad. Importaba que le hubieran enseñado a cuestionar sus propios sentimientos antes que las palabras de su madre.

Y al final, dijo las palabras que llevaba tanto tiempo temiendo.

"Quiero volver."

No porque quisiera dejarme. No porque se sintiera insegura. No porque hubiera dejado de amarme. Sino porque quería que la presión se detuviera. Porque quería que el ruido se callara. Porque quería que la culpa cediera. No estaba eligiendo a su madre. Estaba eligiendo alivio. Estaba eligiendo el camino que menos dolía en ese momento. Estaba eligiendo sobrevivir.

El encuentro en el departamento del sheriff

Su madre insistió en venir a buscarla, no a mi casa, no a un lugar neutral, sino al departamento del sheriff. Era una jugada de poder. Una declaración. Una manera de pintar un cuadro que no era real. Una manera de crear una escena que insinuara peligro donde no lo había. Pero acepté. No porque yo hubiera hecho algo malo. No porque tuviera miedo. Sino porque quería que mi hija se sintiera segura. Porque quería que la transición fuera tranquila. Porque no quería que se sintiera atrapada, acorralada ni obligada a nada.

Cuando llegamos, se la veía dividida, con los ojos enrojecidos, los hombros tensos, atrapada entre dos mundos que llevaban años desgarrándola. Estaba allí de pie como alguien a quien habían estirado demasiado, alguien a quien le habían pedido elegir entre dos versiones de sí misma. Parecía una niña que había estado cargando el peso de dos adultos durante demasiado tiempo. Parecía alguien que quería correr en dos direcciones a la vez.

Su madre estaba allí con esa expresión familiar, la que decía que creía haber ganado. La que decía que había recuperado el control. La que decía que había devuelto a su hija a la narrativa que había escrito. Pero esto no era una victoria. Esto era una tragedia. Una tragedia disfrazada de triunfo. Una tragedia que se desarrollaba en el espacio entre la sonrisa burlona de una madre y las manos temblorosas de una hija.

Y mientras yo estaba allí, viendo cómo se desarrollaba la escena, sentí esa clase de dolor que no grita. Se hunde. Se asienta. Se vuelve parte de ti. La clase de dolor que nace de conocer la verdad y ver cómo apartan de ella a alguien que amas. La clase de dolor que nace de amar a una hija que está librando una batalla en la que ni siquiera sabe que está.

El abrazo que nunca olvidaré

Antes de que se fuera, le pregunté si podía abrazarla. No sabía si iba a decir que sí. No sabía si iba a estremecerse, a quedarse inmóvil o a volver a meterse en el caparazón en el que la habían obligado a vivir durante tanto tiempo. Pero asintió. Y por un momento, un momento breve y frágil, se permitió volver a ser mi hija. Dio un paso hacia mis brazos, y no se apartó. Apoyó la cabeza contra mi pecho como solía hacerlo cuando era pequeña, cuando el mundo era simple, cuando el amor no tenía complicaciones, cuando creía sin cuestionarlo que yo era su lugar seguro. Sentí su respiración contra mí, suave e irregular, como si estuviera intentando no desmoronarse. La rodeé con mis brazos con suavidad, con miedo de que si la abrazaba demasiado fuerte pudiera desaparecer, y con miedo de que si la abrazaba demasiado flojo pudiera pensar que no me importaba. Fue un momento que se sintió a la vez completamente nuevo y profundamente familiar, como redescubrir una parte de mí mismo que creía que me habían arrebatado para siempre.

"Te quiero", susurré. "Te voy a extrañar." "Y lo siento si hice algo mal." Las palabras salieron de mí sin vacilación. No estaban ensayadas. No eran estratégicas. Eran, sencillamente, la verdad de un padre que preferiría cargar con cada gramo de su dolor antes que dejar que lo llevara sola. Quise decir cada palabra. Aunque, en el fondo, sabía que no había hecho nada para herirla. Había hecho todo lo que podía para protegerla, para ayudarla, para darle una oportunidad de estabilidad y paz. Pero cuando amas a alguien, especialmente a tu hija, te disculpas por el dolor que siente, incluso cuando no lo causaste tú. Te disculpas porque desearías haber podido protegerla de cada tormenta, incluso de las que tú no creaste.

Ella no dijo mucho. No tenía que hacerlo. Su silencio no era frío. Era pesado, como si estuviera conteniendo palabras que no le permitían decir. Pero en ese momento no me llamó TJ. Dijo, en voz baja, "Adiós, papá." Y esa palabra, papá, golpeó a su madre como una bofetada. Lo vi en sus ojos. La rabia. Los celos. La pérdida de control. Era la mirada de alguien que había pasado años intentando reescribir una historia, solo para ver cómo la verdad se le escapaba entre los dedos en un solo instante. Porque por primera vez en diez años, mi hija me había llamado por lo que yo era de verdad. Y su madre lo odió. No por la palabra en sí, sino por lo que significaba. Significaba que la narrativa que había construido se estaba resquebrajando. Significaba que la verdad sonaba más fuerte que las mentiras. Significaba que el amor había sobrevivido.

El alejamiento

Mi hija caminó lentamente hacia el coche de su madre, como si sus pies pesaran, como si cada paso fuera una decisión que no quería tomar. No miró hacia atrás. Yo me quedé allí, viéndola irse, sintiendo una clase de dolor que no puedo describir del todo. No era el dolor del rechazo. No era el dolor del fracaso. Era el dolor de ver a alguien que amas volver a entrar en un mundo que la había herido. Un mundo que la había moldeado. Un mundo que la había convencido de mentiras. Un mundo que ya te la había arrebatado una vez. Y ahora, la estaba arrebatando otra vez. No porque ella lo quisiera. Sino porque no sabía cómo luchar contra ello. Porque la habían criado para creer que volver era la única manera de detener la tormenta dentro de ella. Porque le habían enseñado que la paz significaba rendirse, incluso cuando rendirse le costaba pedazos de sí misma.

La vi abrir la puerta del coche con una clase de vacilación que me destrozó. Era la vacilación de una niña que sabía que estaba entrando en un lugar donde tenía que volver a hacerse pequeña. Un lugar donde tenía que silenciar sus propios pensamientos. Un lugar donde tenía que elegir la supervivencia por encima de la verdad. Y cuando la puerta se cerró, sentí que el peso de cada año que había perdido con ella volvía a posarse sobre mis hombros. Pero esta vez, se sintió diferente. Esta vez, yo la había visto. Y ella me había visto a mí. No a través de la lente del miedo o de la manipulación, sino a través de la claridad de su propio corazón.

Alejarse no fue el final

La gente podría mirar ese momento y pensar que fue el final de la historia: el momento en que la perdí otra vez. Pero no lo fue. Porque algo había cambiado. Me había llamado papá. Había visto la verdad, aunque solo fuera por un momento. Había sentido lo que era estar conmigo, no con la versión de mí a la que le habían enseñado a temer. Y aunque ese día se alejó, no se alejó a ciegas. La manipulación seguía siendo fuerte. El condicionamiento seguía siendo profundo. La presión seguía siendo abrumadora. Pero la verdad se había abierto paso. Y una vez que la verdad se abre paso, nunca desaparece del todo.

Espera. Permanece. Crece en los lugares silenciosos. Se convierte en una semilla. Y las semillas, incluso enterradas bajo años de mentiras, tarde o temprano encuentran el camino hacia la luz. Me aferré a eso. Y todavía lo hago. Porque a veces el momento más pequeño, la palabra más pequeña, el más leve aliento de verdad basta para cambiar la historia entera. Y ese día, en ese abrazo, en esa sola palabra “papá”, comenzó una nueva historia.

CAPÍTULO 14

EL ECO TRAS EL SILENCIO

"A veces, las palabras que más duelen no las dice la persona que amas, las dicen otros a través de ella."

La casa se sentía distinta después de que ella se fue. Más silenciosa. Más pesada. Casi hueca, como si el propio aire recordara sus pasos y estuviera esperando que regresaran. Había una quietud que no se sentía en paz. Se sentía como si algo hubiera sido arrancado de las habitaciones y se lo hubieran llevado, dejando solo la silueta de lo que había estado allí. Cada habitación guardaba un recuerdo de aquellas seis semanas. Una risa en la cocina que todavía parecía resonar en los armarios. Una pregunta hecha desde el pasillo que permanecía como una suave huella en las paredes. Un momento de confianza en el sofá que se sentía tan frágil que me daba miedo respirar cuando lo recordaba. Un momento de miedo detrás de una puerta cerrada que me recordaba cuánto había estado cargando en sí misma. La casa por fin había vuelto a sentirse viva, como si la hubiera estado esperando, igual que yo. Y ahora se sentía como si estuviera conteniendo la respiración, sin saber si se le permitía exhalar.

Aunque ella ya no estaba, yo no estaba listo para dejar que el vínculo se desvaneciera. Ya la había perdido una vez. Sabía cómo se sentía ese tipo de pérdida. Sabía cómo podía vaciar a un hombre por dentro, dejándolo caminar con una sonrisa que no le llegaba a los ojos. No iba a perderla otra vez sin intentarlo. Eso me lo había prometido a mí mismo. Eso se lo había prometido a Dios. Así que tendí la mano. No con presión. No con culpa. No con exigencias. Solo con amor. Ese tipo de amor que no necesita ser ruidoso para ser real. Ese tipo de amor que espera en la puerta, incluso cuando la han cerrado mil veces.

Los mensajes que envié

Los mantuve simples. A lo largo de los años, había aprendido que a veces las palabras más simples llevan la mayor verdad. "Me encantaría hablar cuando tengas tiempo." "Espero que estés bien." "Te quiero." "Estoy aquí si alguna vez quieres hablar." Los envié sin esperar nada. Sin discusiones. Sin explicaciones. Sin intentos de arreglar nada ni de defenderme. Solo un padre tratando de mantener una puerta abierta, aunque solo fuera suficiente para que se colara un solo rayo de luz.

Durante un tiempo, no hubo nada. Silencio otra vez. El tipo de silencio con el que había vivido durante diez años. Pero ahora se sentía distinto. Antes, el silencio me había sido impuesto. Ahora llegaba después de seis semanas de oír su voz, de verla sonreír, verla redescubrir partes de sí misma que le habían enseñado a esconder. Este silencio se sentía como perderla dos veces. Se sentía como ver cerrarse una puerta que apenas acababa de aprender a abrir. Se sentía como estar de pie en la misma casa, pero en un mundo distinto.

Entonces, de la nada, me escribió. Dos veces. El primer mensaje sonaba a ella. Corto. Vacilante. Un poco a la defensiva, pero seguía siendo suyo. Tenía el tono de una chica que intentaba volver a afirmarse. Pero el segundo mensaje... el segundo mensaje no era ella. Lo supe en el instante en que mis ojos llegaron al final de la primera frase. Las palabras eran demasiado afiladas. Demasiado ensayadas. Demasiado cargadas de la ira de otra persona. Era como oír su voz, pero saber que alguien más le movía los labios. Era como verla desaparecer detrás de una cortina que yo no podía correr.

Y en ese momento, de pie y solo en la casa silenciosa que todavía olía a su champú y todavía guardaba la forma de su risa, sentí que algo dentro de mí se quebraba. No por lo que decía el mensaje, sino por lo que significaba. Seguía librando una batalla que no había elegido. Seguía cargando palabras que no eran suyas. Seguía intentando sobrevivir a una historia que otra persona había escrito por ella.

Y supe, con una especie de claridad dolorosa, que el eco después del silencio a veces era más fuerte que el silencio mismo.

El mensaje que no era de mi hija

Hay momentos en este camino que golpean más fuerte que cualquier fallo judicial, cualquier acusación, cualquier silencio.

La noche en que llegó su mensaje fue uno de esos momentos.

Llegó tarde, deslizándose en mi teléfono en esa clase de oscuridad silenciosa donde la verdad suele susurrar. Pero este mensaje no susurró. Me oprimió con un peso que se sentía ajeno, pesado y deliberado. No se sentía como una hija tendiéndole la mano a su padre. Se sentía como algo completamente distinto.

Su mensaje era largo, extendido de una manera que se sentía ensayada, como si cada frase hubiera sido elaborada con intención más que con emoción, moldeada por una mano que quería más control que claridad.

Era frío, despojado de calidez o familiaridad, escrito con una distancia que no correspondía a la honestidad natural y desordenada de un corazón adolescente que intentaba entender su dolor.

Estaba estructurado, organizado con una precisión adulta que no pertenecía a una joven que alguna vez me habló en fragmentos y sentimientos, no en párrafos que sonaban como alegatos finales.

Era acusatorio, lleno de afirmaciones punzantes y bordes afilados, el tipo de lenguaje que hiere en lugar de buscar comprensión, el tipo de tono que intenta arrinconarte en vez de conectar contigo.

No sonaba como una adolescente tratando de expresar confusión, dolor o anhelo.

No sonaba como una chica luchando con sus propios pensamientos.

No sonaba como alguien buscando la verdad.

No sonaba como alguien que una vez había llorado en mis brazos, temblando y vulnerable, confiándome los pedazos de su corazón que no le mostraba a nadie más.

No sonaba como la niña que me había llamado papá por primera vez en una década, con la voz suave e insegura pero real, de una manera que todavía resuena dentro de mí.

Sonaba como su madre, cada palabra cargando la cadencia familiar de una voz que yo ya había oído retorcer la verdad, una voz que había moldeado narrativas durante años, una voz que le había enseñado a mi hija a temer al mismo hombre que más la amaba.

Coincidía palabra por palabra con el lenguaje de su madre, repitiendo frases que yo había visto y oído demasiadas veces como para equivocarme, frases que nunca nacían del corazón de una niña, sino de la agenda de un adulto.

Reflejaba el tono de su madre, palabra por palabra, con la misma certeza fría, la misma indignación ensayada, la misma distancia emocional que habían usado contra mí durante años.

Seguía el patrón de su madre, patrón por patrón, y cada frase caía en el mismo ritmo, la misma estructura, el mismo guion inconfundible del que yo había pasado años intentando proteger a mi hija: un guion diseñado para separar, no para sanar.

Y mientras lo leía, sentí que algo dentro de mí se rompía, no por las acusaciones, no por las palabras en sí, sino porque sabía que no eran suyas.

No era su voz.

No era su verdad.

No era su corazón.

Fue el momento en que comprendí que la alienación no siempre grita.

A veces habla a través de la voz de una niña a la que le enseñaron a hacerse eco del dolor de otra persona.

Y esa comprensión, esa claridad silenciosa y devastadora, se convirtió en uno de los puntos de inflexión de toda esta historia.

Porque me recordó la verdad por la que había estado luchando todo el tiempo:

Mi hija seguía ahí dentro.

Enterrada.

Silenciada.

Moldeada por la narrativa de otra persona.

Pero no perdida.

Nunca perdida.

Cuando dejé el teléfono a un lado esa noche, la habitación

se sintió más fría que un instante antes. No por las palabras en sí, sino por lo que revelaban. Me quedé allí, en el silencio, mirando la pantalla mucho después de que se apagara, sintiendo el peso de una verdad de la que había pasado años tratando de escapar.

Mi hija hablaba, pero no era su voz.

Sus labios se movían, pero no era su verdad. Sus dedos escribían las palabras, pero el guion pertenecía a otra persona.

Y esa comprensión me hirió más hondo de lo que jamás podría hacerlo cualquier acusación.

Porque significaba que seguía atrapada.

Todavía influida.

Todavía moldeada por una narrativa que nunca fue suya.

Todavía cargando un miedo que no tenía lugar en su corazón.

Todavía repitiendo una historia que no escribió.

Significaba que la alienación seguía viva.

No de las maneras dramáticas que la gente imagina.

No en los gritos.

No en los portazos.

No en escenas de tribunal.

Sino en el silencio.

En lo sutil.

En las palabras prestadas de una niña a la que le habían enseñado a darle voz al dolor de otra persona.

Sentí que la ira se alzaba en mí por un instante, no contra ella, nunca contra ella, sino contra la injusticia de todo aquello. Por los años robados. Por la inocencia torcida. Por el vínculo manipulado. Por la verdad enterrada bajo capas de miedo y control.

Pero la ira no podía permanecer.

Nunca lo hace cuando el amor es más fuerte.

Entonces respiré.

Oré.

Me recordé a mí mismo la promesa que hice hace mucho tiempo:

Nunca reproduciría el daño que me hicieron.

Nunca respondería con la misma frialdad.

Nunca dejaría que la amargura hablara por mí.

Nunca dejaría que la voz de su madre se convirtiera en la razón por la que yo perdiera la mía.

Respondí con ternura.

Con suavidad.

Con verdad.

No para ganar.

No para discutir.

No para defenderme.

Sino para llegar a la pequeña parte de su corazón que aún me recordaba.

La parte que la manipulación no había tocado.

La parte que una vez me llamó papá con una esperanza temblorosa.

La parte que aún vivía debajo del guion que le habían entregado.

Y mientras escribía mi respuesta, comprendí algo importante, algo que dio forma al resto de este capítulo y al resto de mi camino.

La alienación puede secuestrar la voz de un hijo por un tiempo, pero no puede robarle el alma.

No puede robarle los recuerdos.

No puede robar la verdad que vive debajo de las mentiras.

No puede robar el vínculo que Dios creó.

No puede robar el amor que fue sembrado mucho antes de que la manipulación comenzara.

La voz en aquel mensaje no era la suya.

Pero el corazón que había detrás seguía siendo el suyo.

Y ese corazón, su corazón, era por el que yo estaba luchando.

No las palabras.

No las acusaciones.

No el momento.

Ella.

La niña que una vez se quedó dormida sobre mi pecho.

La niña que una vez se rió hasta quedarse sin aliento.

La niña que una vez tomó mi mano con una confianza absoluta.

La niña que una vez susurró "papá" como si fuera una oración.

Ella seguía ahí dentro.

Enterrada.

Escondida.

Protegida por muros que no había construido.

Repitiendo palabras que no había escrito.

Pero seguía siendo mía.

Seguía estando a mi alcance.

Seguía siendo amada.

Seguía valiendo cada milla, cada lágrima, cada oración, cada capítulo de este libro.

Y esa comprensión, esa verdad silenciosa y firme, se convirtió en el ancla de todo lo que vino después. Porque una vez que entiendes que la voz de la alienación no es la voz de tu hijo, dejas de pelear con tu hijo y empiezas a pelear por tu hijo.

Dejas de reaccionar a las palabras y empiezas a escuchar el corazón que hay debajo de ellas.

Dejas de ver el mensaje y empiezas a ver la herida.

Y lo amas en medio de todo eso, no con ira, no con presión, no con exigencias, sino con paciencia.

Con ternura.

Con la verdad dicha con suavidad.

Con un amor que se niega a retroceder.

Porque un día, quizá no pronto, quizá no fácilmente, la voz prestada se desvanecerá.

El guion se desmoronará.

El miedo cederá.

La verdad se alzará.

Y el niño volverá a hablar con su propia voz. Y cuando llegue ese día, quieres que encuentre a un padre que nunca dejó de escuchar.

Un padre que nunca dejó de amar.

Un padre que nunca dejó de creer en el corazón que latía bajo las palabras.

Este momento, este mensaje, no era el final.

Era el comienzo del desenredo.

El comienzo del ascenso de la verdad.

El comienzo del largo camino de regreso el uno al otro.

Y yo sabía, incluso en el dolor de aquella noche, que el amor sobreviviría al guion.

El amor sobreviviría a las mentiras.

El amor sobreviviría a la voz prestada.

El amor sobreviviría al silencio.

Porque el amor, el amor real, siempre encuentra al niño bajo las palabras.

CAPÍTULO 15
LA ESPERANZA SILENCIOSA

"Algunas batallas no se ganan en un momento. Se ganan en los años en los que te niegas a desaparecer."

Después de que mi hija se fue con su madre, la casa no se sintió simplemente vacía; se sintió suspendida.

Como si las paredes estuvieran conteniendo la respiración.

Como si el aire estuviera esperando que algo cambiara.

Como si el tiempo mismo se hubiera detenido, inseguro de lo que vendría después.

Cada habitación seguía cargando con su presencia, el eco de su risa, la sombra de su confusión, la calidez de su breve confianza. Seis semanas habían cambiado por completo el ritmo de mi vida, y ahora el silencio se sentía más pesado que nunca antes.

Pero el silencio no era nuevo para mí.

Había vivido con él durante diez años.

Lo que sí era nuevo era el dolor que venía con él, el dolor de haberla tenido de vuelta, aunque fuera brevemente, y volver a perderla. El dolor de saber lo que se sentía al oír su voz en el pasillo, al ver sus zapatos junto a la puerta, al verla quedarse dormida en el sofá cuando por fin se sentía lo bastante segura como para descansar.

Y aun así, incluso en medio de ese dolor, algo dentro de mí se negaba a rendirse.

No una esperanza ruidosa.

No una esperanza ingenua.

No la clase de esperanza que espera milagros.

Sino una esperanza silenciosa.

La clase que espera.

La clase que resiste.

La clase que cree que la verdad es lenta, pero inevitable.

Presentar las peticiones, luchar por lo que fue robado

A la gente le encanta decir: "Simplemente ve al tribunal."

Como si el tribunal fuera un lugar donde la verdad sube naturalmente a la superficie.

Como si el sistema estuviera hecho para proteger a padres como yo.

Como si la justicia fuera simplemente cuestión de presentarse.

Pero el tribunal de familia no es un lugar de verdad.

Es un lugar de narrativas.

Y durante diez años, la narrativa sobre mí había sido moldeada por alguien que necesitaba el control más que la honestidad.

No presenté peticiones por ira.

No las presenté para castigar a nadie.

No las presenté para ganar.

Las presenté porque era el único camino que me quedaba para proteger mi relación con mis hijas.

Presenté peticiones ante los tribunales de Tennessee para:

- Exponer la alienación parental
- Cuestionar las falsas acusaciones

- Documentar el abuso emocional y mental
- Mostrar la manipulación que moldeó las creencias de mis hijas
- Demostrar que la narrativa con la que fueron criadas no era la verdad

No se trataba de venganza. Se trataba de recuperar los años que me habían sido robados, a mí y a ellas.

Porque la verdad importa. Pero en el tribunal de familia, la verdad no siempre es la que habla más fuerte.

A veces, apenas consigue susurrar.

Una acusación puede valer más que la verdad

Una de las lecciones más duras que aprendí en este largo y doloroso camino fue esta: una verdad que todavía me arde cada vez que pienso en ella: una acusación puede valer más que la verdad, especialmente en un mundo donde la gente escucha la voz más fuerte en vez de la voz honesta.

No tiene que ser probada, porque a los ojos de quienes quieren creerla, la acusación misma se convierte en la prueba. No tiene que ser lógica, porque la emoción a menudo pesa más que la razón cuando el miedo y la manipulación están involucrados. No tiene que ser consistente, porque una vez que una mentira echa raíces, crece en cualquier dirección que necesite para sobrevivir. Solo tiene que ser dicha, pronunciada una vez con suficiente fuerza o con suficiente autoridad, para sembrar la duda en la mente de personas que nunca se molestaron en pedir la verdad.

Y una vez que se dice, se queda pegada, aferrándose a tu nombre y a tu carácter como si fuera algo vivo, algo decidido a seguirte por más lejos que corras. Se convierte en una sombra que te sigue a todas partes, extendiéndose por cada habitación en la que entras, cada conversación que entablas, cada momento en que intentas recuperar tu vida.

Una mancha que no puedes lavar, por muchas veces que cuentes tu historia, por muchas veces que pruebes tu inocencia, por muchas veces que muestres tu corazón.

Un susurro que resuena en cada tribunal, cada audiencia, cada intento de defenderte: un recordatorio silencioso pero poderoso de que la acusación llegó primero y la verdad llegó después.

Mientras tanto…

Una mentira puede tardar años en construirse, levantándose lentamente pieza por pieza hasta convertirse en una estructura lo bastante fuerte como para encarcelar a las personas a las que estaba destinada a controlar. Años de repetición, las mismas palabras dichas una y otra vez hasta que suenan como hechos, simplemente porque se han oído tantas veces. Años de manipulación, sutil y deliberada, dan forma a la manera en que un niño ve el mundo y a las personas que hay en él. Años moldeando la mente de un niño, dando forma a sus recuerdos, sus miedos, sus lealtades, su comprensión de quién es seguro y quién no. Años contando la misma historia hasta que se convierte en su realidad, hasta que la mentira se siente más sólida que la verdad que una vez conoció.

Y cuando un niño crece escuchando esas mentiras, de la persona en la que más confía, durante los años en que es más vulnerable y más fácil de influir, la mentira se vuelve más fácil de creer que la verdad sepultada debajo de ella. No porque la mentira sea convincente, no porque esté bien elaborada o bien respaldada, sino porque se ha repetido tantas veces que parece la única versión del mundo que tiene sentido.

Sino porque es familiar, y la familiaridad tiene una manera de consolar a los heridos incluso cuando es precisamente eso lo que causa la herida.

Y lo familiar se siente seguro, incluso cuando es lo que causa el dolor, incluso cuando es lo que desgarra a una familia, incluso cuando es lo que mantiene a un niño alejado del padre que lo ama más que a la vida misma.

A la verdad le conceden quince minutos

Cuando por fin estuve ante el tribunal, cuando por fin tuve la oportunidad de hablar, cuando por fin tuve la oportunidad de mostrar la verdad que había estado sepultada durante tanto tiempo, sentí como si el peso de toda mi vida descansara sobre una sola respiración.

Sentí que tenía quince minutos para contrarrestar diez años, quince minutos para resistir una década de silencio, confusión y daño que ya había echado raíces en el corazón de las personas que más amaba.

Quince minutos para explicar una década de alienación, una década de haber sido expulsado de la vida de mis propias hijas, una década de ver cómo los recuerdos se desvanecían y el miedo crecía allí donde antes vivía el amor.

Quince minutos para deshacer una vida entera de manipulación, una vida entera de historias retorcidas y miedos sembrados, una vida entera en la que otra persona daba forma a la narrativa mientras yo estaba fuera de la ventana viendo cómo mi propia vida ocurría sin mí.

Quince minutos para defenderme de acusaciones que tomaron segundos en hacerse, acusaciones pronunciadas con casualidad, descuido y sin pruebas, y aun así lo bastante poderosas como para cambiar el curso de mi relación con mis hijas.

Quince minutos para demostrar que yo no era el monstruo que habían pintado, no el peligro, no la amenaza, no la sombra que les habían enseñado a temer, sino un padre que había estado luchando durante años solo para ser escuchado.

Y esa es la cruel realidad de todo esto:

La verdad tiene quince minutos.

La mentira tiene una infancia.

El juez no vio las noches que pasé despierto preocupándome, noches en las que el sueño no llegaba porque mi mente estaba llena de preguntas que no podía responder y miedos que no podía silenciar.

El juez no vio los mensajes que envié y que quedaron sin respuesta, mensajes llenos de amor, esperanza y anhelo, mensajes que se encontraron con un silencio tan pesado, que parecía un muro levantándose ladrillo a ladrillo.

El juez no vio las trece horas y media de camino que hice sin vacilar, un trayecto impulsado por nada más que amor y desesperación, un trayecto que se sentía como cruzar un desierto sin garantía de agua al otro lado.

El juez no vio la crisis, las lágrimas, el miedo, la manipulación, los momentos en que el dolor de mi hija se derramó de maneras que ningún niño debería tener que experimentar jamás, momentos que mostraban la verdad con más claridad que cualquier documento.

El juez no vio la verdad. Vio papeleo. Vio acusaciones. Vio una narrativa.

Y las narrativas, incluso las falsas, son poderosas: lo bastante poderosas para moldear decisiones, lo bastante poderosas para eclipsar pruebas, lo bastante poderosas para silenciar a un padre que ha pasado años intentando hablar.

Pero incluso en ese momento, allí de pie con solo quince minutos para luchar contra diez años, me aferré a una cosa que ningún tribunal podía quitarme: la verdad seguía existiendo, aunque nadie en esa sala eligiera verla.

Los niños que crecieron en medio

Mi hija no escribió ese mensaje que me envió, no de la manera en que una niña escribe desde su propio corazón, no de la manera en que una hija extiende la mano hacia su padre con sus propios pensamientos y su propia voz.

No del todo, porque las palabras no llevaban su espíritu, su dulzura, su confusión ni su anhelo. Llevaban algo ensayado, algo prestado, algo moldeado mucho antes de que sus dedos tocaran la pantalla.

No con su propia voz, porque su voz real es suave, inquisitiva y está llena de preguntas que nunca le han permitido hacer. Su voz real tiembla cuando está sufriendo. Su voz real se suaviza cuando se siente segura. Nada de eso estaba en el mensaje que me envió.

Lo escribió con las palabras de su madre, palabras que durante años se han dicho a su alrededor y por encima de ella, palabras que aprendió a repetir de la misma manera en que una niña aprende una canción que nunca eligió escuchar.

El tono de su madre, cortante y categórico—el tipo de tono que no deja espacio para la duda, ni espacio para las preguntas, ni espacio para la verdad que vive debajo de la superficie.

La ira de su madre, una ira que lleva años ardiendo a fuego lento, una ira que no tiene nada que ver con la niña atrapada en medio, una ira que se derrama en cada conversación hasta convertirse en el aire que la niña respira.

La narrativa de su madre, una historia elaborada mucho antes de que mi hija tuviera edad suficiente para entender lo que estaba ocurriendo, una historia en la que fue criada como en una casa sin ventanas, una historia que moldeó la imagen que tenía de mí antes de que siquiera tuviera la oportunidad de conocerme por sí misma.

Porque eso es lo que ocurre cuando un niño crece dentro de la historia de otra persona, una historia escrita por alguien que necesita más el control que la verdad, una historia que se convierte en la única versión de la realidad que al niño se le permite ver.

No solo repiten las mentiras; las creen, porque la repetición se convierte en verdad cuando se es demasiado joven para cuestionar la fuente, y porque la mentira está tejida en la trama de su vida diaria.

No porque sean débiles, sino porque los niños confían en las personas que los crían, incluso cuando esas personas están equivocadas, incluso cuando los están hiriendo sin darse cuenta.

No porque sean desagradecidos, sino porque la gratitud no tiene nada que ver con la supervivencia, y sobrevivir a menudo significa aceptar la historia que se te dan, incluso cuando te hiere.

No porque no te amen, sino porque el amor se vuelve complicado cuando el miedo se mezcla con él, y el miedo es un maestro poderoso cuando se enseña temprano y a menudo.

Sino porque crecieron en un mundo donde la mentira era lo único que se les permitía oír, un mundo donde la verdad les fue ocultada, un mundo donde la imagen que tenían de su propio padre fue moldeada por el dolor de otra persona.

Para cuando tienen la edad suficiente para cuestionarla, la mentira se siente más segura que la verdad, porque la verdad les exige deshacer todo lo que les enseñaron, todo lo que creyeron, todo lo que pensaban entender sobre las personas que aman.

Y la seguridad, incluso la seguridad falsa, es poderosa—lo bastante poderosa como para mantener a un niño en silencio, lo bastante poderosa como para mantenerlo a distancia, lo bastante poderosa como para hacerlo repetir una historia que nunca fue suya para empezar.

Lo que realmente robaron las falsas acusaciones

La gente cree que las falsas acusaciones solo dañan reputaciones, como si lo peor que puede pasar fuera que alguien te mire de otra manera o susurre a tus espaldas.

Creen que solo complican los procesos judiciales, como si el daño real fuera una pila de papeles o unas cuantas audiencias más en una agenda judicial saturada.

Creen que solo generan tensión, como si el dolor se limitara a conversaciones incómodas o interacciones tensas. Pero el costo real es más hondo, mucho más hondo, y llega hasta lugares que la mayoría de la gente nunca ve y toca partes de tu vida que nunca pueden repararse.

Las falsas acusaciones roban tiempo, el tipo de tiempo que nunca puedes recuperar, el tipo de tiempo que desaparece en silencio mientras libras batallas que jamás deberías haber tenido que librar. Les robaron ese tiempo a mis hijas, y también me lo robaron a mí.

Roban recuerdos, los momentos sencillos que deberían haber sido nuestros, los que construyen una infancia y dan forma a una familia. Robaron los recuerdos que mis hijas deberían haber tenido con su padre, y robaron los recuerdos que yo debería haber llevado conmigo el resto de mi vida.

Roban hitos, las primeras veces, las celebraciones y los momentos que marcan el crecimiento de un niño. Les robaron esos hitos a mis hijas, y me los robaron a mí, dejando espacios vacíos donde debería haber vivido la alegría.

Roban infancias, no solo al niño que crece sin conocer toda la verdad, sino también al padre o la madre que pierde la oportunidad de guiar, proteger y amar a su hijo durante los años que más importan.

Roban relaciones, lenta y silenciosamente, reemplazando la conexión por la confusión, la confianza por el miedo y el amor por la distancia. Robaron la relación que mis hijas deberían haber tenido conmigo, y robaron la relación que yo debería haber tenido con ellas.

Roban amor, no porque el amor desaparezca, sino porque al niño se le enseña a temer precisamente a la persona que más lo ama. Robaron el amor que mis hijas deberían haber sentido libremente, y robaron el amor que yo debería haber podido dar sin barreras ni sospechas.

Me robaron toda una vida de momentos que yo debería haber tenido con mis hijas—momentos que les pertenecían a ellas y a mí:

- Primeros días de escuela, mañanas en las que yo debería haber estado allí para calmar sus nervios y celebrar su valentía.
- Cumpleaños, las velas que yo debería haber ayudado a encender y los deseos que debería haber oído susurrar.

- Fiestas, las tradiciones que deberíamos haber construido juntos, los recuerdos que deberíamos haber creado codo a codo.
- Risas, de las que nacen de bromas privadas y momentos compartidos, de las que resuenan por una casa que se siente viva.
- Lágrimas, las que yo debería haber secado, las que debería haber aliviado, las que deberían habernos acercado en lugar de separarnos.
- Preguntas, las conversaciones nocturnas en las que un hijo busca guía, verdad y consuelo en el padre o la madre que lo ama.
- Conversaciones, las charlas de todos los días que construyen confianza y conexión, las que moldean la persona en la que se convierte un hijo.
- Días comunes que deberían haber sido nuestros, los momentos simples que componen una vida, los que parecen pequeños hasta que te das cuenta de que nunca llegaste a tenerlos.

Y ningún fallo judicial puede devolvernos esos momentos, ni a mis hijas ni a mí. Ninguna petición puede devolver esos años, por más páginas que presentes o por más veces que alegues tu caso. Ninguna audiencia puede deshacer el daño, porque el daño ya estaba hecho mucho antes de que siquiera pusieras un pie en la sala del tribunal.

Pero aun así presenté la petición, porque rendirme habría significado renunciar a la verdad, renunciar a mis hijas, renunciar al amor que vivía dentro de mí incluso cuando todo lo demás se venía abajo.

Porque, aunque la verdad solo obtenga quince minutos, aunque las mentiras lleven diez años, aunque el sistema avance lenta e imperfectamente, me niego a dejar que la historia termine con la mentira.

Me niego a dejar que la mentira tenga la última palabra.

Me niego a dejar que la mentira defina a mis hijas.

Me niego a dejar que la mentira me defina.

Y esa negativa, esa silenciosa y firme rebeldía, fue lo que me mantuvo en pie cuando todo lo demás intentó quebrarme.

La esperanza silenciosa que permanece

Incluso ahora, después de todo lo que ha pasado, después de cada noche que pensé que me quebraría, después de cada momento en que sentí el peso del mundo oprimiéndome el pecho, me aferro a una sola cosa con todo lo que me queda dentro:

Esperanza.

No la clase de esperanza que grita desde los tejados ni exige ser vista. No esa clase que llega con fuegos artificiales o grandes gestos. No la clase que promete soluciones rápidas, finales fáciles o milagros repentinos que borran los años de dolor.

Pero conservo una esperanza silenciosa. La clase de esperanza que se te mete en los huesos cuando el mundo te ha quitado todo lo demás, cuando ya no te queda nada a lo que aferrarte salvo la creencia de que algo bueno todavía te espera en algún lugar más adelante. La clase de esperanza que sobrevive a las noches en que te quedas despierto mirando el techo, preguntándote cuánto más puede soportar un corazón antes de que por fin ceda, preguntándote si alguna vez se romperá el silencio, preguntándote si tus hijos alguna vez oirán la verdad entre todo el ruido.

La clase de esperanza que susurra en vez de rugir y, aun

así, de algún modo habla más fuerte que cada mentira jamás dicha sobre ti, más fuerte que cada acusación, más fuerte que cada intento de borrarte de la historia de tus propios hijos.

La esperanza silenciosa no es dramática. No llega con trompetas ni luces brillantes ni aplausos. No borra el dolor ni deshace los años ni restaura mágicamente lo que fue robado.

La esperanza silenciosa es firme, paciente. Algo que respira incluso cuando sientes que tú no puedes. Algo que se sienta a tu lado cuando estás demasiado cansado para ponerte de pie. Algo que te toma de la mano cuando sientes ganas de soltarlo todo.

Es la esperanza que espera. La esperanza que resiste. La esperanza que cree que algún día, cuando el ruido se desvanezca, cuando la manipulación pierda su control, cuando la verdad por fin vuelva a tener espacio para respirar, mis hijas me verán tal como realmente soy.

No el villano que les enseñaron a temer.

No el extraño que les dijeron que evitaran.

No el hombre de las acusaciones.

No la sombra pintada por la ira ajena.

Sino su padre.

El hombre que se quedó incluso cuando lo empujaron afuera. El hombre que siguió orando incluso cuando el silencio parecía interminable. El hombre que se aferró cuando todo a su alrededor intentó hacer que soltara. El hombre que siguió presentándose, incluso cuando la puerta seguía cerrada y el mundo le decía que se marchara. El hombre que llevó su infancia en el pecho como un tesoro frágil que se negó a dejar caer, incluso cuando le temblaban las manos.

El que nunca dejó de luchar por ellas.

El que nunca dejó de amarlas.

El que nunca dejó de creer que el amor, el amor

verdadero, no se desvanece solo porque alguien más intente enterrarlo bajo el miedo y las mentiras.

La esperanza silenciosa no hace ruido, pero es irrompible.

Es la esperanza que se sienta contigo en el silencio después de la tormenta, cuando el mundo está quieto y tu corazón está cansado, pero de algún modo sigue latiendo.

Es la esperanza que deja una luz encendida en la ventana, incluso cuando nadie sube por la entrada de la casa, incluso cuando el camino está vacío, incluso cuando la noche parece interminable.

Es la esperanza que mantiene tierno el corazón de un padre, incluso después de años de ser malinterpretado, tergiversado y apartado.

Es la esperanza que se niega a permitir que la amargura eche raíces, porque la amargura solo levantaría otro muro entre mis hijas y yo.

La esperanza silenciosa es la creencia de que la verdad es lenta, pero implacable.

Puede que lleve años.

Puede que requiera distancia.

Puede que requiera un corazón roto.

Puede que requiera crecer y madurar hasta la adultez.

Puede que requiera que el mundo se desmorone y vuelva a reconstruirse.

Pero la verdad siempre encuentra el camino de regreso a casa.

Y cuando lo haga, cuando por fin se disipe la niebla, cuando las mentiras pierdan su poder, cuando el corazón recuerde lo que la mente fue forzada a olvidar, cuando mis hijas tengan ya la edad suficiente para cuestionar la historia que recibieron, cuando empiecen a sentir el vacío de la narrativa en la que fueron criadas…

Mis hijas me conocerán.

No la historia.

No el rumor.

No la acusación.

No la versión de mí, moldeada por el dolor de otra persona.

A mí.

A su padre.

Su presencia constante.

Su guerrero silencioso.

Su lugar inquebrantable en el mundo.

El hombre que nunca se fue.

El hombre que nunca dejó de orar por ellas.

El hombre que nunca dejó de creer en la bondad que había dentro de ellas, incluso cuando ellas no podían verla en sí mismas.

El hombre que nunca dejó de esperar el día en que sus corazones recordaran cómo debía sentirse su infancia.

El que nunca se rindió, incluso cuando el mundo y su madre intentaron hacerlo desaparecer, incluso cuando el sistema falló, incluso cuando el silencio se volvió pesado, incluso cuando los años se alargaron, incluso cuando el dolor intentó convencerlo de que la esperanza era una insensatez.

La esperanza silenciosa me sostuvo; me mantuvo con vida, me mantuvo amando, me mantuvo creyendo; incluso me mantuvo en pie cuando todo lo demás intentó quebrarme.

Y la esperanza silenciosa es la razón por la que sé, en lo más hondo de mi alma, que algún día mis hijas volverán a casa, a la verdad. Porque la esperanza silenciosa, la clase de esperanza que sobrevive a las tormentas y al silencio y a años de distancia, es la clase de esperanza que nunca muere.

CAPÍTULO 16

EL LARGO CAMINO HACIA ADELANTE

"Algunas heridas no sangran. Resuenan."

Hay heridas en la vida que no sangran, no dejan moretones, no aparecen en escáneres ni en historiales médicos, pero cortan más hondo de lo que cualquier cosa física jamás podría hacerlo. Habitan los lugares silenciosos. Habitan las pausas entre respiraciones. Habitan los momentos en que el mundo se queda quieto y tu mente ya no tiene dónde esconderse.

La alienación parental es una de esas heridas. No solo te arrebata a tu hijo. Se lleva con ella pedazos de ti. Pedazos que nunca recuperas. Pedazos que ni siquiera sabías que podían romperse. Por fin entendí todo el peso de ese dolor, el dolor de ser borrado de la vida de un hijo al que has amado desde el momento en que dio su primer aliento.

El dolor de ser alienado

Quienes no la han vivido creen que la alienación es solo distancia, como si no fuera más que unos cuantos momentos perdidos o un poco de espacio emocional que el tiempo acabará por reparar.

Creen que son solo fiestas perdidas, cumpleaños perdidos, fines de semana perdidos—como si perder esos días fuera simplemente un inconveniente y no una herida que se reabre cada vez que pasa una hoja del calendario. Creen que es un problema de horarios, de comunicación, un desacuerdo entre padres, algo que puede resolverse con unas cuantas conversaciones o un poco de cooperación, como si el problema fuera lo bastante pequeño como para caber dentro de un expediente judicial. Pero la alienación es algo mucho más oscuro, algo que se mete en las partes más profundas del corazón de un padre y tira de los hilos hasta que todo se siente deshilachado y frágil.

La alienación es:

- Ver a tu hijo crecer en fotografías en lugar de en persona, intentando memorizar un rostro que sigue cambiando sin ti.
- Enterarte de sus momentos importantes de segunda mano, conocer su vida por susurros y redes sociales en vez de escucharlos de su propia voz.
- Ser culpado por cosas que no hiciste, cargando el peso de acusaciones que nunca estuvieron arraigadas en la verdad.
- Ser pintado como el villano en una historia que nunca escribiste, una historia elaborada sin tu presencia ni tu versión de la verdad.
- Perder años que jamás podrás recuperar, años que debieron haber estado llenos de risas, preguntas y recuerdos que ahora solo existen en tu imaginación.
- Ser reemplazado en la mente de tu hijo por la narrativa de otra persona, viendo cómo tu

identidad como padre es reescrita por alguien que nunca quiso que estuvieras ahí desde el principio.

La alienación es un borrado lento, no de una sola vez, sino centímetro a centímetro, memoria a memoria, mentira a mentira, hasta que un día alzas la vista y te das cuenta de que el hijo que una vez corrió a tus brazos ahora te mira como a un extraño.

Y la parte más cruel es esta:

Tu hijo ni siquiera sabe que está ocurriendo. Cree que está eligiendo, porque las decisiones fueron moldeadas para él mucho antes de que entendiera siquiera qué significaba elegir. Cree que está recordando, porque los recuerdos que le dieron se sienten más reales que aquellos de los que lo privaron. Cree que se está protegiendo, porque le enseñaron a temer precisamente a la persona que lo habría dado todo por mantenerlo a salvo. Pero en realidad, está repitiendo el guion de otra persona, un guion escrito con amargura y miedo, un guion que nunca pidió pero que aprendió a recitar porque era la única versión de la historia que le permitieron oír.

Y yo sé esto no como un observador, no como alguien que leyó sobre ello o que oyó hablar de ello o que lo estudió desde la distancia.

Lo sé porque lo vivo. Cada día. Cada mañana despierto con su dolor, una pesadez que se me instala en el pecho antes de que mis pies toquen el suelo. Cada noche me acuesto con su peso, preguntándome si mañana será el día en que algo por fin atraviese el silencio. No es una historia que cuento. Es una realidad que cargo, una realidad que se sienta conmigo en cada momento de quietud y en cada oración sin respuesta. Sé lo que se siente revisar el teléfono por costumbre, incluso cuando sabes que no habrá nada ahí, incluso cuando sabes que el silencio se ha convertido en su propia clase de mensaje.

Sé lo que se siente ver el rostro de un hijo en una fotografía y preguntarte cómo suena ahora su voz, preguntándote si todavía se ríe de la misma manera o si el tiempo ha cambiado incluso eso. Sé lo que se siente ser borrado en tiempo real, al ver cómo tu lugar en la vida de tu hijo se encoge hasta convertirse en un rumor, una sombra, un nombre que apenas reconoce.

Y también sé esto: no soy el único.

Hay padres y madres en todo el mundo que despiertan cada día con el mismo dolor hueco en el pecho, las mismas preguntas sin respuesta, el mismo duelo silencioso. Padres que han sido expulsados de la vida de sus hijos por mentiras, manipulación y miedo; padres a quienes nunca se les dio la oportunidad de defenderse antes de que el veredicto ya estuviera escrito. Padres a quienes se culpa por cosas que nunca hicieron, cargando sobre los hombros el peso de la ira de otra persona.

Padres a quienes pintan como monstruos en historias que nunca tuvieron la oportunidad de corregir, historias que se propagan más rápido de lo que la verdad jamás podría hacerlo. Padres que se sientan en salas de tribunal rezando para que alguien, cualquiera, por fin escuche, rezando para que la verdad importe más que la narrativa. Padres que se aferran a la esperanza con manos temblorosas porque es lo único que les queda, lo único que no les han arrebatado.

La alienación no es rara. No es aislada. No es una tragedia privada. Es una epidemia silenciosa, que se extiende por familias y generaciones, dejando cicatrices que nadie ve pero todos sienten. Y las personas que la sufren a menudo la sufren solas, porque el mundo no entiende una herida que no deja una marca visible, una herida que sangra dentro del corazón en lugar de en la piel.

Pero yo la entiendo. La entiendo en los huesos. La entiendo en la manera en que se me oprime el corazón cuando escucho reír a un niño en un supermercado, porque me recuerda una risa que antes conocía. La entiendo en la manera en que todavía compro regalos para cumpleaños a los que no me invitan, envolviendo la esperanza en papel y lazo aunque sé que quedarán sin abrir.

La entiendo en la manera en que todavía amo a mis hijas con una profundidad que ninguna mentira, ninguna distancia, ninguna manipulación ha podido tocar jamás.

La alienación no es solo algo que me ocurrió. Es algo a lo que sobrevivo todos y cada uno de los días. Y sé que también hay otros sobreviviéndola.

La escalofriante sensación de ser borrado

No hay dolor como el momento en que te das cuenta de que tu hijo, el que sostuviste en brazos, al que le pusiste nombre, por quien soñaste, ya no te ve como su padre, ya no reconoce el amor que moldeó sus primeros días.

No por algo que hiciste ni por algo que dejaste de hacer. Sino porque alguien más pasó años reescribiendo la historia, reemplazando tu verdad por su miedo, reemplazando tu amor por su rabia.

Es escalofriante. Es como ver una fotografía desvanecerse en tiempo real, los colores apagándose lentamente hasta que la imagen se vuelve irreconocible. Como oír tu nombre desaparecer de su vocabulario, reemplazado por la distancia y la vacilación. Como ser un fantasma en una vida que ayudaste a crear, presente en la memoria, pero ausente en la realidad.

Durante años, me llamó TJ. No papá. No papi. Ni siquiera padre.

Solo TJ, como si yo fuera un vecino, un extraño, un hombre de paso por su vida en vez del hombre que ayudó a traerla a este mundo. Y entonces, por un breve momento, cuando vino a vivir conmigo por primera vez, lo dijo:

Papá. Una palabra. Una sílaba. Un momento que se sintió como una vida entera, un momento que me recordó todo lo que habíamos perdido y todo lo que todavía podíamos ser.

Su madre lo odiaba. Lo vi en sus ojos: el miedo, la rabia, el pánico - porque esa sola palabra amenazaba toda la narrativa que había construido. Y así, el borrado comenzó otra vez, lento y deliberado, un silencioso desmantelamiento de la verdad que por fin había empezado a salir a la superficie.

La lucha por aferrarse

Presentar peticiones, no como papeleo, no como una estrategia legal, sino como intentos desesperados de dejar constancia de la verdad, antes de que desapareciera por completo bajo el peso de las mentiras de otra persona.

Asistir a audiencias, entrar en salas donde se tomaban decisiones sobre mi vida y la vida de mi hija personas que nunca nos habían conocido, personas que jamás sentirían las consecuencias de sus decisiones como nosotros.

Documentarlo todo, cada mensaje, cada conversación, cada momento que revelaba la verdad, porque sabía que sin pruebas mi voz sería descartada como ruido.

Tratar de demostrar lo que había estado ocurriendo durante años, tratar de arrojar luz sobre algo que había ido creciendo en las sombras, algo que ya había echado raíces en el corazón de mi hija mucho antes de que yo pusiera un pie en una sala del tribunal.

No porque quisiera una victoria judicial, sino porque una victoria sobre el papel no significa nada si tu hijo todavía te mira con un miedo que otra persona sembró.

No porque quisiera venganza, porque la venganza no sana a un niño herido y no devuelve los años que nos fueron robados.

No porque quisiera ganar, porque esto nunca fue una competencia, nunca una batalla de orgullo, de ego o de control.

Sino porque quería recuperar a mi hija, a la niña real debajo del miedo, debajo de la confusión, debajo del guion que le enseñaron a repetir.

Quería que la verdad importara, que por fin se alzara por encima de las mentiras que se habían repetido durante tanto tiempo que empezaron a sonar como recuerdos.

Quería que las mentiras se detuvieran, que perdieran su poder, que dejaran de moldear la forma en que mi hija me veía, que dejaran de envenenar el vínculo que debería haber sido inquebrantable.

Quería que la manipulación quedara al descubierto, no para avergonzar a nadie, sino para liberar a mi hija de una historia que nunca le correspondió cargar.

Quería que se reconociera el abuso emocional, porque hasta que no se lo nombra, sigue creciendo en silencio, hiriendo a todos los que toca.

Pero el sistema avanza despacio, dolorosamente despacio, arrastrándose hacia adelante mientras las familias se desmoronan en tiempo real. Y la alienación se mueve rápido —más rápido que cualquier tribunal, más rápido que cualquier petición, más rápido que cualquier intento de intervenir.

Una mentira puede tardar años en construirse, creciendo capa por capa hasta convertirse en una estructura lo bastante sólida como para aprisionar la comprensión de un niño. Una mentira puede repetirse hasta convertirse en un recuerdo, hasta que el niño crea haber vivido algo que nunca ocurrió, hasta que la verdad se sienta ajena y la mentira se sienta familiar. Una mentira puede moldear la identidad entera de un niño, dictaminando en quién confía, a quién teme, a quién ama y quién cree ser.

¿Y la verdad?

A la verdad le dan quince minutos—quince minutos para plantarse frente a una década de veneno, quince minutos para luchar contra años de manipulación, quince minutos para hablar después de haber sido silenciada durante tanto tiempo. Quince minutos para contrarrestar una década de veneno, un veneno que se filtró por las grietas del corazón de mi hija mucho antes de que yo tuviera la oportunidad de defenderme. Quince minutos para defenderte de acusaciones que tomaron segundos en hacerse, acusaciones dichas con ligereza, pero con el poder de destruir todo lo que construiste. Quince minutos para explicar por qué tu hija no sabe quién eres en realidad, por qué te mira con el miedo de otra persona en lugar de con su propia comprensión.

No es una lucha justa, ni de cerca—no cuando un lado tiene años de influencia, y el otro tiene minutos de verdad. Pero es una lucha que me niego a abandonar, porque alejarme significaría entregar a mi hija a una mentira, entregar mi amor al silencio, entregar mi verdad a la historia de otra persona.

Y nunca haré eso.

Ni ahora. Ni nunca.

CAPÍTULO 17
CUANDO LA ESPERANZA SE CONVIERTE EN FUERZA

"La fe no es la ausencia de dolor. Es el valor para atravesarlo."

Llega un punto en toda batalla larga en el que la fuerza deja de venir del cuerpo y empieza a venir de algo más profundo, algo más silencioso, algo más firme, algo que no se rompe incluso cuando sientes que todo lo demás dentro de ti ya se rompió. Se convierte en una fuerza que no grita pidiendo atención ni exige ser vista ni celebrada. Es una fuerza que crece en la oscuridad, en los lugares solitarios, en los momentos en que sientes que ya no te queda nada por dar y, aun así, de algún modo sigues adelante de todas formas. Para mí, esa fuerza viene de Dios. No en milagros estruendosos que sacuden la tierra, no en victorias repentinas que borran los años de lucha, no en los fallos judiciales por los que oro con todo mi ser, no en los reencuentros con los que sueño a altas horas de la noche cuando la casa está en silencio y me duele el corazón por lo que se perdió, sino en la resistencia silenciosa que Él me da para seguir adelante incluso cuando el camino parece interminable, incluso cuando la lucha parece injusta, incluso cuando la oscuridad parece más grande que la luz a la que intento aferrarme. Porque este viaje, esta batalla entre la verdad y las mentiras, entre el amor y la manipulación, entre el corazón de un padre y un sistema roto, siempre se ha sentido como una guerra entre el bien y el mal, una guerra que no se detiene solo porque yo esté cansado. Y la fe es lo único que me mantiene en pie.

La fe en medio de la tormenta

Hay días en que el peso de la alienación se siente insoportable, días en que se me posa sobre el pecho como una piedra y me cuesta respirar. Hay días en que el silencio de mis hijas corta más hondo que cualquier palabra podría hacerlo jamás, porque el silencio tiene una manera de resonar más fuerte que el sonido. Hay días en que las mentiras parecen más fuertes que la verdad, más fuertes que mi voz, más fuertes que mi amor, más fuertes que cualquier cosa que yo pueda ofrecer para contrarrestarlas. Hay días en que el sistema legal parece ciego al daño que se está haciendo, ciego a la manipulación, ciego al abuso emocional que está ocurriendo a plena vista. Hay días en que siento que estoy gritándole a un vacío que se niega a devolver el eco, un vacío que se traga cada palabra y me deja allí, solo.

Y voy a ser honesto: a veces parece que Dios ni siquiera está escuchando. A veces parece que Él no ve lo que está pasando a puerta cerrada. A veces parece que está dejando que la injusticia gane. A veces parece que no le importa en absoluto, como si mis oraciones chocaran contra el techo y volvieran a caer sin respuesta. Esos son los momentos más oscuros, los momentos en que la fe se siente como aferrarse al humo, en que la oración se siente como hablarle a una habitación vacía, en que la esperanza se siente como un hilo frágil que se escurre entre tus dedos, por más fuerte que intentes sujetarlo.

Pero los sentimientos no son hechos. Y la verdad, la

verdad a la que me aferro incluso cuando me tiemblan las manos, es esta: a Dios sí le importa. Él ve cada lágrima que no dejo caer. Él oye cada oración que susurro en la oscuridad cuando no hay nadie más. Él conoce cada mentira dicha contra mí. Él conoce cada momento en que apartaron a mis hijas de mí. Él conoce la verdad aun cuando el mundo no quiere oírla. La fe no borra el dolor. No acorta el camino. No hace justo al sistema. Pero la fe me da la fuerza para seguir caminando. La fe me recuerda que Dios está obrando de maneras que yo todavía no puedo ver. La fe me recuerda que Él restaura lo que fue robado. La fe me recuerda que trae de vuelta a casa lo que se perdió. La fe me recuerda que Su tiempo no es el mío, pero Su tiempo es perfecto. Incluso cuando parece que prefiere el silencio. Incluso cuando parece que es distante. Incluso cuando parece que no está escuchando. Lo está. Y esa verdad es la única razón por la que sigo en pie.

La clase de fuerza que no parece fuerza

La gente cree que la fuerza se ve como mantenerse erguido, hablar en voz alta, ganar batallas y no quebrarse nunca. Pero la verdadera fuerza, la que Dios da, se ve distinta. Se ve como levantarte de la cama cuando sientes el corazón como si fuera de concreto y sientes el espíritu magullado. Se ve como ir a trabajar cuando la mente se te queda atrapada en el pasado y el pecho se te aprieta de dolor. Se ve como orar por las personas que te hirieron, incluso cuando cada parte de ti quiere apartarse. Se ve cómo elegir el amor cuando la ira sería más fácil y mucho más satisfactoria. Se ve como perdonar a alguien que no está arrepentido, alguien que quizá nunca lo esté. Se ve como creer en un futuro que todavía no puedes ver, un futuro que se siente distante y frágil. Se ve como aferrarse a la esperanza con las manos sangrando, negándote a soltarla incluso cuando todo en ti quiere derrumbarse. La verdadera fuerza es silenciosa. La verdadera fuerza es constante. La verdadera fuerza se construye en los momentos que nadie ve, en los momentos en los que estás a solas con tus pensamientos, tus miedos y tu fe.

Reconstruyéndome, un día a la vez

Después de perder a mi hija otra vez, podría haberme derrumbado bajo ese peso. Podría haberme rendido y haber dejado que la oscuridad me tragase por completo. Podría haber dejado que el dolor me definiera y me destruyera. Pero no lo hice. Me reconstruí de la única manera que sabía hacerlo: trabajando más duro, incluso cuando el agotamiento pesaba sobre mis hombros; manteniéndome enfocado, incluso cuando mi mente se iba hacia recuerdos que dolía recordar. Negándome a dejar que la amargura echara raíces, porque la amargura solo envenenaría las partes de mí que todavía amaban; orando por fuerza en lugar de venganza, confiando en que Dios ve lo que el hombre pasa por alto; eligiendo el amor por encima de la ira, incluso cuando el amor parecía la opción más difícil; recordándome cada día que Dios ve lo que el hombre ignora, que Él conoce la verdad aun cuando el mundo no quiere oírla.

Cada día, me levanto y sigo adelante, no porque la lucha sea fácil, sino porque la lucha vale la pena—porque mis hijas valen la pena. Aunque todavía no lo sepan. Aunque todavía no puedan verlo. Aunque les hayan enseñado a creer lo contrario. La lucha se siente como si te arrancaran el alma del cuerpo, pero prefiero sentir ese dolor a no sentir nada en absoluto, porque sentir significa que todavía estoy luchando, todavía amando, todavía creyendo que un día la verdad se alzará.

La hija que todavía me ve

De mis tres hijos, tengo la custodia total de una, la que no tiene el corazón envenenado por mentiras, la que el miedo o la manipulación no han puesto en mi contra, la que todavía me mira con los ojos limpios y ve al hombre que de verdad soy. Ella ve a un hombre que lo intenta, incluso cuando intentarlo se siente como empujar una montaña. Ve a un hombre que se hace presente, incluso cuando el mundo le dice que no importa. Ve a un hombre que ama sin condiciones, sin vacilaciones, sin necesitar nada a cambio. Ve a un hombre que trabaja duro, no solo en su trabajo, sino en ser el padre que siempre estuvo llamado a ser. Ve a un hombre que no se rinde, incluso cuando rendirse sería más fácil, incluso cuando el dolor se siente demasiado pesado para cargarlo. Ve a un hombre que se niega a dejar que el sistema roto lo defina, a un hombre que se niega a dejar que las mentiras reescriban su identidad. Ve a un hombre que elige la fe antes que la ira, incluso cuando la ira parecería justificada. Ve a un hombre que elige el amor antes que la amargura, incluso cuando la amargura intenta echar raíces en las grietas de su corazón.

Ella ve al padre que de verdad soy, no a la versión retorcida por las acusaciones, no al personaje inventado por el resentimiento de otra persona, no al villano pintado por un sistema legal que nunca se molestó en aprender mi nombre más allá del papeleo. Ve a un hombre que ha recibido cada golpe y aun así sigue en pie, a un hombre que sigue haciéndose presente incluso cuando la puerta sigue cerrada, a un hombre que sigue amando incluso cuando ese amor no es correspondido, a un hombre que sigue creyendo que la verdad durará más que cada mentira y que el amor brillará más que toda sombra. Ella me ve a mí, al verdadero, al padre que está debajo del ruido, de las narrativas y de las heridas.

Y me aferro a ella con fuerza, no por miedo a perderla, sino por gratitud, porque Dios permitió que al menos uno de mis hijos pudiera ver la verdad con sus propios ojos. Ella me recuerda que no soy el hombre que las mentiras intentaron hacer de mí. Me recuerda que el amor puede sobrevivir a la tormenta, incluso cuando esta parece interminable. Me recuerda que la verdad todavía tiene voz, incluso cuando el mundo intenta silenciarla. Me recuerda que Dios sigue obrando en los lugares silenciosos, en los momentos que nadie ve, en los espacios donde la esperanza crece despacio, pero con firmeza. Y me recuerda que todavía tengo propósito, que mi historia no ha terminado, que mi corazón todavía tiene trabajo que hacer. Ella es la prueba de que mi verdadero yo todavía existe, de que el padre que soy no es el padre que me acusaron de ser, de que la verdad sigue viva incluso cuando está enterrada bajo años de mentiras.

La fe que se niega a morir

Hay noches en que me siento solo y me pregunto si mis hijas alguna vez volverán, noches en que el silencio se siente como un muro que no puedo escalar. Me pregunto si alguna vez verán la verdad, si alguna vez mirarán más allá de las historias con las que las alimentaron y recordarán al padre que yo era antes de que las mentiras echaran raíces. Me pregunto si alguna vez sentirán el amor que siempre fue suyo, el amor que nunca se fue, el amor que las esperó incluso cuando se alejaron.

Y en esas noches, la fe se vuelve más que una creencia. Se vuelve oxígeno. Se vuelve lo que mantiene latiendo mi corazón cuando todo dentro de mí parece derrumbarse. La fe me dice que Dios ve lo que se hizo en la oscuridad, incluso cuando nadie más lo ve. La fe me dice que Dios oye los clamores que nunca pronuncié en voz alta, los que me tragué porque no había nadie que los oyera. La fe me dice que Dios conoce la verdad incluso cuando el mundo no quiere reconocerla. La fe me dice que Dios restaura lo que fue arrebatado, incluso cuando parece imposible. La fe me dice que Dios sana lo que fue quebrado, incluso cuando los pedazos parecen demasiado destrozados para repararlos. La fe me dice que Dios trae de vuelta a casa lo que se perdió, incluso cuando el camino de regreso parece demasiado largo para recorrerlo.

No en mi tiempo.

Pero en el Suyo.

Y esa verdad es lo único que mantiene viva mi esperanza.

Este capítulo no trata sobre la victoria, porque la victoria todavía no ha llegado. No trata sobre la justicia, porque la justicia ha sido lenta, desigual y a menudo ausente. No trata sobre que los tribunales finalmente vean la verdad, porque los tribunales han pasado por alto la verdad más veces de las que puedo contar. Este capítulo trata sobre la resistencia, la clase de resistencia que crece en la oscuridad, que se construye con dolor, fe y un amor obstinado. Trata sobre la fe, la clase de fe que te mantiene entero cuando todo lo demás intenta desgarrarte. Trata sobre aferrarse cuando cada fuerza en tu vida parece decidida a obligarte a soltar. Trata sobre creer que algún día, de alguna manera, la verdad se elevará por encima de las mentiras, aunque tarde años. Trata sobre confiar en que Dios ve lo que se hizo en la oscuridad y en que Él traerá luz a Su tiempo, no al mío.

Y trata sobre reconocer esto con cada parte de mi alma: la alienación puede borrarte de la mente de un hijo, pero nunca podrá borrarte del plan de Dios. El camino por delante es largo, más largo de lo que jamás imaginé. La batalla está lejos de haber terminado, y algunos días se siente como si apenas hubiera comenzado. Las heridas son profundas, más profundas de lo que las palabras pueden describir. El sistema es defectuoso, roto de maneras que dejan a las familias destrozadas. Las mentiras pesan, lo bastante como para aplastar a un hombre más débil.

Pero mi esperanza, mi esperanza silenciosa, firme e inconmovible, es más fuerte. Porque la esperanza arraigada en Dios no se quiebra. No se desvanece. No se rinde… Y yo tampoco.

CAPÍTULO 18

EL PADRE QUE SE QUEDÓ

"El dolor te moldea. El propósito te salva."

Hay una forma silenciosa de fuerza que nace de quedarse cuando todo en tu vida ha intentado expulsarte, una fuerza que no ruge ni exige atención, una fuerza que no viene de ganar batallas ni de acumular victorias. No es la fuerza ruidosa del triunfo ni la clase de fuerza que recibe aplausos. Es la fuerza firme y obstinada de un padre que se niega a desaparecer, un padre que se niega a dejar que las mentiras reescriban su identidad, un padre que se niega a dejar que el mundo lo convenza de que su presencia no importa. El Capítulo 18 trata sobre esa fuerza. Trata sobre ser el padre que se quedó, incluso cuando el sistema no se quedó conmigo, incluso cuando las mentiras no cedían, incluso cuando mi propia hija no podía verme a través de la niebla de la manipulación. Pero también trata sobre algo más profundo, algo que creció en medio del sufrimiento. Trata sobre el propósito que el dolor reveló, el hombre al que la lucha forjó, la identidad que no podía ser borrada por más que el mundo lo intentara. Porque quedarme no solo me mantuvo en la vida de mis hijas. Quedarme me mantuvo en la mía.

Quedarse cuando habría sido más fácil marcharse

La mayoría de las personas no entiende lo que hace falta para seguir estando ahí cuando eres víctima de alienación. No entienden el costo emocional de ser borrado de la historia de tu propio hijo. No entienden el desgarro de ser reemplazado por mentiras que se propagan más rápido de lo que la verdad jamás podría. No entienden el agotamiento de librar una batalla que no comenzaste, una batalla que nunca quisiste, una batalla que te drena día tras día. No entienden lo que se siente amar a alguien a quien le han enseñado a temerte, alguien que te mira a través del prisma del dolor de otra persona.

Pero me quedé. Me quedé a pesar del silencio que se sentía como un muro que no podía derribar. Me quedé a pesar de las acusaciones que cortaban más hondo que cualquier herida que haya conocido. Me quedé a pesar de la manipulación que torció los recuerdos de mi hija y reformó la manera en que me entendía. Me quedé a pesar de la angustia que llegaba en oleadas, cada una amenazando con hundirme. Me quedé a pesar de las batallas legales que drenaron mi energía, mis finanzas y mi esperanza. Me quedé a pesar de los momentos en que la esperanza se sentía como un hilo delgado deslizándose entre mis dedos.

Porque eso es lo que hacen los padres. No los padres perfectos. No los padres sin fallas. No los padres de cuento que siempre saben qué decir. Los padres reales. Padres que aman a sus hijos más que a su propia comodidad. Padres que se niegan a permitir que las mentiras definan su legado. Padres que se aferran incluso cuando les tiemblan las manos y se les rompe el corazón. Quedarse no fue fácil. Quedarse no fue indoloro. Quedarse no fue justo. Pero quedarse fue amor, y el amor fue lo único que me mantuvo en pie.

El mundo intentó reescribir mi papel, pero no se lo permití

La alienación no solo roba tiempo. Intenta reescribir tu identidad. Intenta convertir a papá en TJ, un nombre que despoja de conexión e historia. Intenta convertir el amor en distancia, transformando recuerdos cálidos en dudas frías. Intenta volver el corazón de tu hijo contra ti, reemplazando la confianza por miedo y el afecto por sospecha. Y durante mucho tiempo, lo logró. Durante mucho tiempo, vi a mi hija mirarme a través de los ojos de otra persona, la ira de otra persona, la historia de otra persona.

Pero el momento en que volvió a llamarme papá—aunque solo fuera por un instante, aunque solo fuera por un suspiro—me recordó algo poderoso. La verdad nunca muere del todo. No desaparece. No se rinde. Espera. Espera el momento adecuado para resurgir. Su madre odiaba ese momento. Lo vi en sus ojos: el miedo, la ira, el pánico, porque esa sola palabra amenazaba toda la narrativa que había pasado años construyendo. Porque esa sola palabra demostraba algo que ella intentó enterrar. Yo nunca fui el villano. Yo nunca fui el peligro. Yo nunca fui el problema. Yo era su padre. Y ninguna intensidad de manipulación podría borrar eso por completo. Aunque el mundo lo intentara. Aunque el sistema lo intentara. Aunque las mentiras lo intentaran. La verdad seguía viva, silenciosa, obstinada, paciente, dentro de ella.

El propósito en el dolor

Hay un punto en toda batalla larga en el que dejas de preguntar: "¿Por qué me está pasando esto?" y empiezas a preguntar: "¿Qué está intentando hacer de mí esto?" El dolor no solo me quebró. Me moldeó. Esculpió partes de mí que no sabía que existían, una paciencia que nunca tuve, una compasión que nunca entendí, una fortaleza que nunca creí poseer. El dolor me obligó a crecer de maneras en que la comodidad nunca habría podido hacerlo. El dolor me enseñó a amar sin que me amaran de vuelta, a estar presente sin ser visto, a luchar sin que me dieran las gracias, a resistir sin aplausos, a seguir siendo tierno en un mundo que intentó endurecerme.

El dolor se convirtió en mi maestro. El propósito se convirtió en mi ancla. Y lentamente, dolorosamente, en silencio, me convertí en el hombre que intentaron destruir. No amargado. No roto. No derrotado. Sino más fuerte. Más sabio. Más arraigado. Más lleno de fe. Más yo mismo de lo que jamás había sido.

La hija que todavía me conoce

En medio de todo el caos, de todo el dolor, de todas las batallas legales y tormentas emocionales, Dios me dio un ancla. Mi hija menor, la que tengo bajo mi custodia total, la que me ve con claridad. Ella ve al hombre que soy, no al hombre que dijeron que era. Ve el amor que doy, no las mentiras que contaron sobre mí. Ve el esfuerzo, la paciencia, la fe, la resistencia. Ve a un padre que lo intenta cada día, que ama sin condiciones, que trabaja duro, que está presente, que protege, que provee, que ora, que se queda.

Ella ve la verdad, no porque yo se la haya dicho, sino porque la vive. Y me recuerda que no me definen las mentiras. Me define el amor que doy. Ella es la prueba de que mi verdadero yo todavía existe, de que el padre que soy no es el padre que dijeron que era. Ella es el recordatorio de que el amor, cuando se vive con honestidad, habla más fuerte que cualquier mentira.

Este capítulo no trata de lo que perdí. Trata de lo que me negué a perder. Me negué a perder mi integridad. Me negué a perder mi fe. Me negué a perder mi identidad como padre. Me negué a perder la esperanza de que algún día mis hijas vean la verdad. Ser padre no tiene que ver con la biología. No tiene que ver con órdenes judiciales. No tiene que ver con quién gana. Ser padre es quedarse: quedarse cuando duele, quedarse cuando te malinterpretan, quedarse cuando mienten sobre ti, quedarse cuando te apartan, quedarse cuando el mundo te dice que te rindas.

Y yo me quedé. No porque fuera fácil. No porque fuera justo. No porque no doliera. Me quedé porque amo a mis hijas. Y el amor, el amor verdadero, no se aleja. No cuando es inconveniente. No cuando duele. No cuando se vuelve solitario. No cuando lo malinterpretan. El amor se queda. Y yo también.

CAPÍTULO 19
EL LEGADO DEL AMOR DE UN PADRE

"Algunas historias te rompen. Otras te construyen. Las más raras hacen ambas cosas."

Llega un momento en todo viaje largo y doloroso en que te das cuenta de que la historia ya no te toca cargarla solo a ti. Crece más allá de tu desamor y se convierte en algo más grande que las heridas a las que sobreviviste. Se extiende más allá de tus batallas en los tribunales y de las audiencias interminables donde las mentiras ahogaron tu voz. Se eleva por encima de la manipulación, la alienación y los años que perdiste y que nunca podrás recuperar. Se convierte en una historia que otras personas necesitan escuchar, una historia que va más allá de tu propio sufrimiento y toca la vida de quienes atraviesan la misma oscuridad. Porque en algún lugar allá afuera, otro padre - o madre - está viviendo la misma pesadilla. En algún lugar allá afuera, alguien está siendo borrado de la vida de su hijo. Sobre alguien se está mintiendo. A alguien lo están alienando. Alguien está siendo destrozado por un sistema que no entiende el daño que le está haciendo. Y necesita saber que no está solo.

Por qué cuento mi historia

No comparto mi historia por compasión. No la comparto por atención. No la comparto para reabrir heridas que apenas han cicatrizado. La comparto porque este dolor no es solo mío. Hay padres en todas partes sobre los que se ha mentido, a quienes se ha acusado falsamente, a quienes han manipulado hasta sacarlos de la vida de sus hijos, silenciados por el sistema legal, retratados como villanos, reemplazados en la mente de sus hijos y obligados a verlos crecer desde la distancia. Y muchos de ellos sienten que se ahogan en una batalla que no pueden ganar, una batalla que les roba la esperanza y les aplasta el espíritu.

Si mi historia llega, aunque sea a uno de ellos, si toca su corazón, si les da fuerzas, si les recuerda que deben aferrarse a la fe, si les da esperanza de que la verdad todavía importa, entonces el dolor que he vivido no habrá sido en vano. Porque el dolor sin propósito es sufrimiento. El dolor con propósito se convierte en legado. Y esta historia, mi historia, se está convirtiendo en un legado que va más allá de mí.

Una historia de fe en medio de la oscuridad

He atravesado años de alienación, años en los que mi presencia fue borrada y mi amor fue retorcido hasta convertirse en algo irreconocible. Me han reemplazado en la mente de mis propias hijas, me han malinterpretado personas que nunca me conocieron y me ha juzgado mal un sistema al que nunca le importó ver la verdad. Se me ha acusado de cosas que nunca hice, cosas que hirieron hondo porque atacaban el núcleo mismo de lo que soy. Me han retratado como a un hombre que nunca fui, un personaje creado a partir del resentimiento y el miedo.

Pero, a través de todo eso, me aferré a Dios. No porque sea perfecto. No porque sea fuerte. Sino porque necesitaba algo más grande que el dolor para sostenerme y ayudarme a atravesarlo. Este viaje siempre se ha sentido como una batalla entre el bien y el mal, entre la verdad y las mentiras, entre el amor y la manipulación, entre el corazón de un padre y un sistema roto que no entiende el daño que causa. Y la única razón por la que sigo en pie es que Dios nunca me soltó. Incluso cuando me sentí olvidado. Incluso cuando me sentí invisible. Incluso cuando sentí que mis oraciones golpeaban el techo y volvían a caer. Él estaba ahí. En silencio. Firme. Presente. Sosteniéndome cuando yo no podía sostenerme a mí mismo.

Un legado para mis hijas, incluso para las que todavía no pueden verlo

No sé cuándo mis hijas verán la verdad. No sé cuándo se disipará la niebla de la manipulación. No sé cuándo mirarán atrás y se darán cuenta de que nunca dejé de amarlas, ni por un solo momento. Pero oro, todos los días, para que eso ocurra mientras yo aún viva. Y hasta que llegue ese día, me aferro a la única hija que todavía me ve con claridad, la que conoce mi corazón, la que ve al hombre que verdaderamente soy, la que me recuerda que el amor incondicional todavía existe.

Ella es mi ancla. Mi recordatorio. Mi prueba de que no soy el hombre que las mentiras intentaron hacer de mí. Y crecerá conociendo la verdad, no solo sobre mí, sino sobre cómo se ve el amor cuando se niega a rendirse. Porque ella lo ha vivido. Lo ha visto. Ha sido sostenida por él. Y algún día, cuando sus hermanas vengan en busca de respuestas, será ella quien diga: “Nunca se fue. Nunca dejó de amarlas. Nunca dejó de luchar por ustedes”.

Ese es el legado que estoy construyendo: no a través de victorias, no a través de fallos judiciales, no a través de resultados perfectos, sino a través de un amor que se niega a morir, un amor que se niega a rendirse, un amor que se niega a desaparecer.

Convertir el dolor en propósito

Este capítulo, esta historia, no trata solo de la pérdida. Trata de la resistencia. Trata de la fe. Trata de negarse a permitir que las mentiras te definan. Trata de elegir el amor incluso cuando duele. Trata de mantenerse firme incluso cuando el mundo intenta borrarte. Y trata de dar esperanza a los que están recorriendo el mismo camino.

Porque si estás leyendo esto y has sido separado de tu hijo por la alienación, si han mentido sobre ti, si te han apartado, si has estado luchando contra un sistema que no te escucha, no estás solo. Tu amor todavía importa. Tu verdad todavía importa. Tu presencia todavía importa. Tu lucha todavía importa.

Y un día—quizá no hoy, quizá no mañana, pero un día—la verdad se alzará. Las mentiras pueden durar años. La manipulación puede durar décadas. Pero la verdad—la verdad siempre encuentra el camino de regreso a casa. Y cuando lo haga, tus hijos por fin verán el legado que dejaste atrás: no un legado de amargura, no un legado de derrota, sino un legado de amor que se quedó, amor que resistió, amor que se negó a desaparecer. El legado de un padre que nunca dejó de ser padre.

CAPÍTULO 20

EL SISTEMA QUE NOS FALLÓ

"Algunas batallas no se pierden por debilidad, sino por un sistema que nunca fue construido para protegerte."

Hay heridas en la vida que vienen de las personas, heridas creadas por mentiras, manipulación, traición y crueldad. Y luego están las heridas que vienen de los sistemas, heridas que cortan más hondo porque se infligen sin emoción, sin conciencia, sin siquiera darse cuenta de que al otro lado de la decisión hay un ser humano. Las personas pueden mentir. Las personas pueden manipular. Las personas pueden torcer historias, reescribir recuerdos y envenenar corazones. Pero los sistemas, los sistemas pueden destruirte sin siquiera saber tu nombre. Pueden aplastarte con papeleo que reduce tu vida a una pila de formularios. Pueden silenciarte con un procedimiento que valora las reglas por encima de la verdad. Pueden borrarte con una sola casilla sin marcar, que lo cambia todo. Pueden convertir a un padre en un extraño con una sola firma que toma segundos escribir, pero años deshacer.

Y la parte más cruel es esta. Los sistemas no piden perdón. Los sistemas no sienten remordimiento. Los sistemas no pierden el sueño por las familias que rompen o por los niños que no logran proteger. Simplemente pasan al siguiente caso, al siguiente expediente, al siguiente nombre en la lista, dejando atrás vidas destrozadas que nunca llegan al registro.

Este capítulo no trata de la ira. Trata de la verdad. Trata de exponer la violencia silenciosa de un sistema que me falló a mí, les falló a mis hijas y les falla a incontables familias todos los días. Trata de la realidad de que la alienación parental no ocurre en el vacío. Ocurre en una sala del tribunal. Ocurre en los espacios donde la verdad debería importar más, pero a menudo importa menos. Y trata de los padres y madres que entran en esas salas con esperanza y salen con el corazón roto.

El sistema que nunca me vio

Cuando entré por primera vez en el mundo del tribunal de familia, creí algo ingenuo pero honesto. Creí que la verdad importaría. Creí que el sistema vería más allá de las mentiras. Creí que el juez vería las pruebas. Creí que los profesionales escucharían. Creí que las acusaciones serían examinadas. Creí que la manipulación quedaría expuesta. Creí que la verdad se alzaría porque la verdad siempre se alza.

Pero aprendí algo devastador. En el tribunal de familia, la verdad no es el fundamento. La narrativa sí.

Y la narrativa que se había construido sobre mí—la que fue elaborada durante años de manipulación, la que fue susurrada al oído de mis hijas, la que se repitió hasta convertirse en su realidad—entró en la sala del tribunal mucho antes que yo.

No estaba luchando por justicia. Estaba luchando contra una historia. Una historia que yo no escribí. Una historia a la que nunca di mi consentimiento. Una historia que me pintaba como un peligro, un problema, una sombra a la que había que temer. Y el sistema la creyó. No porque fuera verdad. Sino porque le resultaba familiar. Porque el progenitor que miente más alto suele ser escuchado primero. Porque el progenitor que manipula la narrativa a menudo controla el resultado. Porque el sistema no está hecho para descubrir la verdad. Está construido para tramitar casos.

Y en ese proceso, padres como yo nos convertimos en papeleo. Nos convertimos en acusaciones. Nos convertimos en nombres en una lista judicial. Nos convertimos en el padre no custodio. Nos convertimos en el papá de un fin de semana sí y otro no. Nos convertimos en el villano de una historia que nunca pudimos contar.

El sistema nunca me vio. No al verdadero yo. No al padre que soy. No al hombre que condujo trece horas y media en plena noche porque su hija estaba en crisis. No al hombre que abrió su hogar, su corazón, su vida a una hija a quien le habían enseñado a temer. El sistema vio un expediente. Un número de caso. Una narrativa. Y eligió la narrativa.

Los niños que pagan el precio

El sistema afirma actuar en el interés superior del niño. Pero la verdad es esta: los niños pagan el precio más alto por los fracasos del sistema. Crecen creyendo mentiras que nunca fueron suyas. Crecen temiendo al progenitor equivocado, al progenitor que más los amó. Crecen confundidos acerca del amor, sin saber en quién confiar. Crecen cargando una culpa que nunca les correspondió cargar. Crecen con un vacío donde debería haber estado uno de sus padres, un espacio que debería haber estado lleno de amor, seguridad y vínculo. Crecen pensando que eligieron la alienación, cuando esa elección nunca fue suya.

La alienación roba la inocencia de un niño. Roba su capacidad de confiar. Roba su sensación de seguridad. Roba su comprensión del amor. Y el sistema deja que ocurra, no porque quiera hacerlo, sino porque no sabe cómo detenerlo. Porque el sistema no está construido para proteger a los niños del abuso emocional. Está construido para tramitar casos. Y los niños se convierten en víctimas de la eficiencia.

El día en que me di cuenta de que el sistema no nos salvaría

Hubo un momento, un único momento devastador, en que me di cuenta de que el sistema no nos iba a salvar. No iba a proteger a mis hijas. No iba a dejar al descubierto las mentiras. No iba a corregir la narrativa. No iba a devolverme los años que perdí. No iba a hacer que nadie rindiera cuentas. Iba a seguir adelante.

Y tuve una elección: quebrarme bajo el peso de esa verdad o elevarme por encima de ella. Elegí elevarme. No porque yo sea fuerte, sino porque Dios me sostuvo. Porque el amor me sostuvo. Porque el propósito me empujó hacia adelante. Porque una hija todavía me veía con claridad. Porque dos hijas todavía me necesitaban, aunque aún no lo supieran.

El sistema nos falló. Pero me negué a fallarles a mis hijas.

La verdad que el sistema no pudo borrar

El sistema podía borrar mi presencia. Podía borrar mi tiempo. Podía borrar mi papel. Podía borrar mi voz. Pero no podía borrar la verdad: la verdad de que soy su padre, la verdad de que nunca me fui, la verdad de que nunca dejé de amarlas, la verdad de que nunca dejé de luchar por ellas, la verdad de que nunca dejé de rezar por ellas, la verdad de que nunca dejé de creer en ellas, la verdad de que el amor - el amor verdadero -

no desaparece. Ni siquiera cuando el sistema intenta enterrarlo.

El sistema nos falló, pero Dios no

En cada audiencia, cada acusación, cada mentira, cada momento de desconsuelo, Dios estaba allí. Silencioso. Firme. Presente. Él vio lo que el sistema ignoró. Él oyó lo que el tribunal desestimó. Él supo lo que los profesionales pasaron por alto. Él entendió lo que mis hijas no podían entender. Él cargó con lo que yo no podía soportar. Y Él me recordó algo que el sistema nunca podría quitarme.

Propósito. Propósito nacido del dolor. Propósito nacido de la resistencia. Propósito nacido de la verdad. Propósito nacido del amor.

El sistema nos falló. Pero Dios no.

El camino que le espera al sistema que nos quebró

No sé si el sistema cambiará alguna vez. No sé si los profesionales llegarán a entender alguna vez el daño que causaron. No sé si las leyes llegarán alguna vez a reflejar la realidad de la alienación. No sé si la verdad llegará alguna vez a importar más que la narrativa. Pero sí sé esto. Hablaré. Escribiré. Daré testimonio. Abogaré. Me pondré de pie por los padres que no pueden hacerlo solos. Me pondré de pie por los niños que no pueden hablar por sí mismos. Me pondré de pie, por la verdad que el sistema intentó enterrar.

Porque el silencio protege al sistema, pero la verdad lo expone. Y mi historia, nuestra historia, es verdad.

La verdad final que el sistema no pudo destruir

El sistema intentó borrarme. Intentó silenciarme. Intentó quebrarme. Intentó poner a mis hijas en mi contra. Intentó reescribir mi identidad. Intentó enterrar mi amor. Pero fracasó. Porque el amor es más fuerte que las mentiras. Porque la verdad es más fuerte que la manipulación. Porque la fe es más fuerte que el miedo. Porque Dios es más fuerte que cualquier sistema.

Y porque yo sigo aquí. Sigo de pie. Sigo luchando. Sigo amando. Sigo creyendo. Sigo esperando. Sigo aferrado a la esperanza.

El sistema nos falló. Pero no acabó con nosotros. Y algún día, cuando la verdad se alce, cuando las mentiras se derrumben, cuando mis hijas vengan en busca de respuestas, me encontrarán exactamente donde siempre he estado. Aquí. Listo. Firme. Entero. Inamovible. Inalterable en mi amor.

Porque quizá el sistema nos haya fallado...

Pero yo nunca les fallé.

CAPÍTULO 21

CUANDO EL CORAZÓN RECUERDA

"El amor deja huellas en el alma que el tiempo no puede borrar."

Hay momentos en la vida en que la mente olvida, pero el corazón nunca lo hace. He vivido lo suficiente, he sufrido lo suficiente, he orado lo suficiente y he esperado lo suficiente para entender esta verdad de una manera que nunca quise. Hay verdades que se aprenden a través de la alegría, y hay verdades que se aprenden a través del dolor. Esta llegó a través del dolor. La alienación torció recuerdos que alguna vez fueron puros. La manipulación reescribió historias que alguna vez fueron sencillas. Las mentiras enterraron la verdad durante años, cubriéndola capa tras capa hasta que ni siquiera mis hijas pudieron ver ya qué era real. Pero el corazón—mi corazón y los corazones de mis hijas—recuerda lo que a la mente le enseñaron a olvidar.

Este capítulo no trata de la ira. No trata de la amargura. No trata de lo que fue robado ni de los años que se me escurrieron entre los dedos. Este capítulo trata de esa verdad silenciosa e irrompible que vive debajo de todo lo demás. Trata de la convicción que llevo muy adentro, esa convicción que me ha mantenido de pie cuando todo lo demás ha intentado derribarme. No importa lo lejos que se alejen mis hijas, no importa cuán profundas sean las mentiras, no importa cuánto dure el silencio, el amor deja una huella que no puede borrarse.

El corazón guarda lo que la mente no puede

A mis hijas les enseñaron a temerme. Las condicionaron a dudar de mí. Las presionaron para olvidarme. Las aleccionaron para ver peligro donde solo había amor. Las llevaron a creer que el lugar más seguro para ellas estaba lejos de mí, cuando la verdad era que mis brazos siempre habían sido el lugar más seguro en el que podían estar.

Pero sus corazones recuerdan.

Sus corazones recuerdan el calor de mi pecho cuando se dormían sobre mí, la manera en que sus pequeños cuerpos se relajaban sintiéndose a salvo. Recuerdan el ritmo de mis latidos, firme y fuerte, el sonido que les decía que eran amadas mucho antes de que siquiera entendieran qué significaba el amor. Recuerdan la manera en que susurraba sus nombres como oraciones, despacio y con ternura, como si pronunciarlos en voz alta fuera un acto sagrado. Recuerdan el refugio de mis brazos cuando el mundo se sentía demasiado grande, cuando necesitaban a alguien que las sostuviera enteras. Recuerdan la risa que compartíamos antes de que comenzaran las mentiras, esa clase de risa que nace de la inocencia y la confianza. Recuerdan la verdad de quién soy debajo de las acusaciones, debajo de las historias, debajo del ruido.

Esos momentos no fueron insignificantes. No fueron olvidables. No fueron frágiles. Quedaron grabados. Quedaron escritos en las partes más profundas de sus corazones, en los lugares a los que la manipulación no puede llegar. Aunque esos recuerdos estén enterrados bajo años de confusión, aunque alguien más haya intentado reescribir su historia, aunque sus mentes hayan sido entrenadas para rechazarme, sus corazones aún lo saben.

Porque el corazón recuerda cómo se siente el amor, incluso cuando a la mente le han enseñado a olvidar. Y un día, cuando el ruido se aquiete, cuando la manipulación pierda su dominio, cuando la vida las obligue a cuestionar lo que les enseñaron, esos recuerdos, esos sentimientos, se alzarán como brasas avivadas por el viento. Volverán a brillar. Volverán a respirar. Volverán a hablar.

El tiempo tiene una forma de revelar lo que las mentiras intentaron ocultar

Los niños crecen. Maduran. Empiezan a ver el mundo de otra manera. Empiezan a ver a las personas de otra manera. Empiezan a verse a sí mismos de otra manera. Y cuando eso sucede, empiezan a notar cosas que antes se les escapaban sin que se dieran cuenta.

Notan las incoherencias en las historias que les contaron. Notan las contradicciones en las acusaciones. Notan las piezas faltantes que nunca tuvieron sentido. Notan la manipulación emocional disfrazada de protección. Notan la diferencia entre la verdad y el control. Notan la diferencia entre el amor y la posesión.

Y poco a poco, las mentiras pierden su poder.

Porque las mentiras son ruidosas, pero la verdad es paciente. Las mentiras exigen atención, pero la verdad espera en silencio. Las mentiras se derrumban con el tiempo, pero la verdad perdura. La verdad no necesita gritar. No necesita imponerse. No necesita luchar por un lugar. La verdad simplemente espera, firme, inmutable, viva.

Y cuando el corazón recuerda, por fin la verdad tiene espacio para respirar.

Creo con todo mi corazón y mi alma, que mis hijas llegarán a ese momento. No porque yo lo merezca. No porque lo exija. No porque lo espere. Sino porque la verdad siempre se alza. Y el amor siempre regresa al lugar de donde vino.

El corazón recuerda al padre que se quedó

Puede que mis hijas no lo vean ahora. Puede que no lo entiendan. Puede que no estén listas para aceptarlo. Pero un día mirarán atrás y se darán cuenta de algo simple y poderoso.

Me quedé.

Me quedé cuando dolía. Me quedé cuando fui malinterpretado. Me quedé cuando mintieron sobre mí. Me quedé cuando fui borrado. Me quedé cuando el sistema me falló. Me quedé cuando el silencio se sentía como un cuchillo. Me quedé cuando la esperanza parecía un hilo fino. Me quedé porque soy su padre. Y los padres no se marchan.

Luché. Oré. Resistí. Las amé en el silencio. Las amé en medio de las acusaciones. Las amé a través de la manipulación. Las amé incluso cuando ellas no podían amarme de nuevo.

Y ese tipo de amor deja una marca. Una permanente. Una marca que ninguna mentira puede borrar. Una marca que ninguna distancia puede debilitar. Una marca que ninguna manipulación puede destruir. Porque el amor que se queda pasa a formar parte del alma de un hijo, tejido en la trama de su ser. Aunque todavía no lo sepan.

El corazón recuerda cómo se siente el amor

Aunque ahora lo nieguen, aunque repitan las palabras de otra persona, aunque me aparten, sus corazones recuerdan la verdad. Sus corazones recuerdan que soy su padre. Sus corazones recuerdan que nunca las abandoné. Sus corazones recuerdan que nunca dejé de amarlas. Sus corazones recuerdan que nunca dejé de luchar por ellas. Sus corazones recuerdan que nunca me convertí en el hombre que las mentiras intentaron retratar.

Y cuando la vida se aquiete lo suficiente, cuando tengan la edad suficiente para ver con claridad, cuando sean lo bastante fuertes para cuestionar el pasado, sus corazones las guiarán de regreso a la verdad. Porque el corazón siempre recuerda el amor, incluso cuando la mente olvida.

El corazón recuerda los momentos que no pueden ser arrebatados

Hay recuerdos que ningún tribunal puede borrar. Hay momentos que ninguna mentira puede tocar. Hay partes de mí que viven dentro de mis hijas, lo quieran o no. Llevan mi risa. Llevan mi terquedad. Llevan mi ternura. Llevan mi fuerza. Llevan mis oraciones. Llevan mi amor. Llevan las partes de mí que les fueron dadas mucho antes de que comenzaran las mentiras.

Y un día, esas partes hablarán más fuerte que las historias que les contaron. Un día sentirán algo familiar, algo cálido, algo seguro, y al principio no sabrán por qué. Pero yo sí lo sabré. Serán sus corazones recordándome.

La historia no ha terminado

Este capítulo no trata del reencuentro. No trata del cierre. No trata del momento en que todo se arregla. Este capítulo trata de la convicción silenciosa de que la historia todavía se está escribiendo. Trata de confiar en que Dios está obrando de maneras que yo no puedo ver. Trata de creer que el amor sembrado en la verdad volverá a crecer. Trata de saber que el corazón, incluso herido, al final busca lo que es real.

Y lo que es real es esto: soy su padre. Siempre lo he sido. Siempre lo seré. Ninguna mentira puede borrar eso. Ninguna manipulación puede destruir eso. Ninguna distancia puede cambiar eso. Porque el corazón recuerda. Y un día, cuando llegue el momento, mis hijas también.

CAPÍTULO 22

EL DÍA EN QUE REGRESAN

"Un momento futuro escrito desde la fe, no desde la fantasía."

Hay capítulos en la vida que aún no han sucedido, pero puedes sentir que se acercan mucho antes de que lleguen. Se acercan en silencio, como un amanecer que ilumina poco a poco el horizonte antes de que nadie lo note. Avanzan con constancia, como un latido que sigue adelante incluso cuando estás demasiado cansado para sentirlo. Traen una certeza que no proviene de la lógica ni de la evidencia ni de los plazos, sino de la verdad misma. No puedo ver el día. No puedo marcarlo en un calendario. No puedo predecirlo ni forzarlo ni apresurarlo. Pero puedo sentirlo en lo más profundo de mí.

No es una predicción. No es una garantía. No es una promesa envuelta en ilusiones. Es una visión. Un momento moldeado por la fe, nacido de la resistencia, sostenido por la convicción de que el amor siempre encuentra el camino de regreso a casa. Este es el capítulo en el que la historia da un giro. Este es el capítulo en el que los años de silencio empiezan a resquebrajarse. Este es el capítulo en el que las mentiras pierden su poder. Este es el capítulo en el que el corazón recuerda lo que la mente olvidó. Este es el día en que regresan. Y he estado caminando hacia este momento desde el día en que me las arrebataron.

No empieza con un golpe en la puerta. Empieza con un cambio.

El día en que regresan no empieza con un momento dramático. No empieza con una llamada o un mensaje o una disculpa repentina. Empieza en silencio, casi de manera invisible. Empieza cuando una de mis hijas se despierta y siente algo que no puede explicar, algo pequeño pero innegable. Un tirón interior. Un recuerdo. Una pregunta que ya no puede apartar. Empieza cuando las mentiras ya no encajan como antes. Cuando la historia que le contaron empieza a parecerle endeble, como una manta que ya no la abriga. Cuando la rabia que llevaba empieza a sentirse prestada, como si le perteneciera a alguien más. Cuando el silencio se siente más pesado que la verdad.

Empieza cuando se da cuenta de que algo no está bien. Falta algo. Algo no cuadra. Ese es el primer paso de regreso a casa. Y sé que ese momento viene, porque la verdad ha estado esperando con paciencia bajo el ruido, bajo el miedo, bajo la manipulación, bajo los años. La verdad no muere. Espera. Espera a que el corazón se vuelva lo bastante fuerte para oírla.

El día en que regresen no se tratará de palabras. Se tratará de valentía.

Dar ese paso hacia mí no les será fácil. Vacilarán. Dudarán de sí mismas. Temerán la reacción. Se preguntarán si sigo aquí, si sigo abierto, si sigo dispuesto. Se preguntarán si la puerta que cerraron sigue sin llave. Se preguntarán si el padre al que les enseñaron a temer es el mismo padre que una vez las sostuvo con ternura.

Pero entonces recordarán algo. Un momento. Un sentimiento. Una verdad enterrada muy hondo bajo años de manipulación. Recordarán que yo me quedé. No desaparecí. No me rendí. No dejé de amarlas. No dejé de orar por ellas. No dejé de luchar por ellas. Y ese recuerdo, esa verdad, les dará la valentía para dar el siguiente paso.

Porque la valentía no es la ausencia de miedo. La valentía es elegir el amor a pesar del miedo. La valentía es acercarse justamente a aquello mismo de lo que te enseñaron a huir. La valentía es confiar en el propio corazón incluso cuando la mente está confundida. La valentía es el comienzo de la sanación.

El primer mensaje

No será largo. No será emotivo. No será todo lo que esperé. Podría ser algo tan simple como:

Hola.

¿Estás ocupado?

¿Puedo hablar contigo?

Pero esas tres palabras, esas pequeñas palabras temblorosas, llevarán el peso de una década. Serán la primera grieta en el muro. La primera luz después de años de oscuridad. La primera señal de que el corazón por fin ha empezado a recordar.

Y cuando vea ese mensaje, me temblarán las manos. Se me cortará la respiración. Se me abrirá el corazón de la mejor manera posible. Porque lo sabré. Este es el comienzo. Este es el momento hacia el que nos ha llevado cada capítulo anterior a éste. Cada plegaria. Cada lágrima. Cada noche en vela. Cada batalla en la sala del tribunal. Cada momento de resistencia.

Cada página de este libro. Todo ha estado apuntando hacia aquí.

Este es el momento en que la esperanza se vuelve real.

La primera conversación

No será perfecta. No será fácil. No será todo lo que soñé. Habrá pausas. Habrá lágrimas. Habrá confusión. Habrá preguntas que temerán hacer. Habrá momentos en que me miren y vean a la vez al padre que recuerdan y al extraño al que les enseñaron a temer.

Pero también habrá algo más. Algo más fuerte que el miedo. Más fuerte que la duda.

Más fuerte que las mentiras con las que las criaron. La verdad. La verdad dicha con ternura. La verdad dicha con paciencia.

La verdad dicha sin ira ni reproches. La verdad dicha por un padre que nunca dejó de amarlas.

Y esa verdad empezará a sanar lo que las mentiras intentaron destruir. Aquí es donde empieza el trabajo interior.

Aquí es donde empieza la reconstrucción. Aquí es donde el corazón empieza a confiar de nuevo. No de una sola vez. No en una sola conversación. Sino poco a poco. Con ternura. Con honestidad. Del mismo modo en que crece el amor. Del mismo modo en que crece la fe. Del mismo modo en que crece la sanación.

El primer abrazo

Puede que ocurra semanas después. Meses después. Años después. Pero ocurrirá. Estarán frente a mí. Mayores. Más altas. Cargando el peso de todo lo que han vivido. Y por un momento, nadie sabrá qué decir. Entonces una de ellas dará un paso al frente. Despacio. Con cuidado.

Como si temiera que el momento pudiera romperse.

Y me abrazará.

No el abrazo rápido y cortés de una extraña. No el abrazo rígido de la obligación. Sino el tipo de abrazo que dice:

Recuerdo.

Lo siento.

Te extrañé.

Ahora te veo.

Y la abrazaré como si hubiera estado conteniendo la respiración durante años. Porque lo he hecho. Porque cada capítulo anterior a este ha sido escrito pensando en ese momento. Cada oración ha sido susurrada hacia ese momento. Cada lágrima ha sido derramada por ese momento. Cada acto de resistencia me ha estado preparando para ese momento. El momento en que mis hijas regresan a casa.

El día en que regresan no es el final. Es el comienzo.

Este capítulo no trata de que todo se arregle. No trata de que el pasado desaparezca. No trata de fingir que el dolor nunca ocurrió. Se trata de sanación. De una sanación real. De una sanación lenta. De una sanación honesta. Se trata de reconstruir la confianza ladrillo a ladrillo. Se trata de volver a aprender unos de otros. Se trata de dejar que el amor crezca en los espacios donde antes vivían las mentiras. Se trata de que la verdad por fin tenga espacio para respirar. Se trata de que el corazón recuerde lo que la mente olvidó. Se trata de que la historia empiece a girar hacia la restauración.

Y se trata de esta realidad inconmovible: el amor sobrevive a las mentiras. La verdad sobrevive a la manipulación. Y el corazón de un padre nunca deja de llamar a sus hijas a casa.

Este es el día en que regresan.

Y yo estaré aquí cuando lo hagan.

CAPÍTULO 23

LOS AÑOS DEL REENCUENTRO

"Hay inviernos que matan todo menos las raíces. La primavera viene por las raíces."

Hay estaciones de la vida que se sienten como invierno, estaciones que se alargan más de lo que jamás imaginaste que podrías soportar. Son largas. Son frías. Son silenciosas. Son implacables. La alienación es uno de esos inviernos. Congela los recuerdos hasta volverlos quebradizos y frágiles, como si tocarlos pudiera hacer que se hicieran añicos. Entierra la verdad bajo capas de escarcha tan espesas que incluso la luz del sol lucha por abrirse paso. Adormece el corazón hasta que incluso la esperanza se siente lejana, como una luz tenue que parpadea a lo lejos. Convierte el amor en algo que puedes ver, pero no tocar, como una casa cálida que resplandece al otro lado de un campo helado, lo bastante cerca como para doler, pero demasiado lejos como para alcanzarla.

Pero el invierno nunca dura para siempre.

Llega un momento, lento y silencioso, en que el hielo empieza a aflojar su agarre. Llega un día en que el frío ya no muerde con tanta fuerza. Llega un cambio tan suave que casi no lo percibes, un cambio que te dice que la estación está cambiando. El capítulo veintitrés es la estación que viene después de la tormenta. Son los años en que el hielo empieza a derretirse. Los años en que el corazón empieza a descongelarse. Los años en que la verdad empieza a alzarse como brotes verdes que se abren paso entre la nieve. Los años en que el amor incondicional, se convierte en el puente que conduce a mis hijas de regreso a mí.

Este capítulo no es una fantasía. No es un cuento de hadas. No es un final perfecto envuelto con un lazo. Es real. Es lento. Es frágil. Es esperanzador. Es lo que ocurre cuando el amor se niega a morir.

Las primeras señales de la primavera

El reencuentro no ocurre en un solo momento. No llega con fuegos artificiales ni con grandes gestos ni con escenas dramáticas. Ocurre en fragmentos, pequeños y delicados y casi invisibles al principio. Comienza con un mensaje que se siente como una brisa tibia rozando una piel que ha olvidado cómo se siente la calidez. Comienza con un recuerdo que titila como una vela en una habitación oscura, tenue pero persistente. Comienza con una pregunta que resquebraja el hielo, una pregunta que ya no pueden seguir ignorando. Comienza con un momento de duda que se siente como la luz del sol sobre la tierra congelada, suave pero lo bastante poderosa como para iniciar el deshielo.

Comienza con un dolor repentino que no pueden explicar, el dolor de un corazón que recuerda lo que una vez conoció. Comienza con un sueño que se siente demasiado real, como para ignorarlo, un sueño donde el amor vuelve a sentirse familiar, donde la seguridad vuelve a sentirse familiar y yo vuelvo a serles familiar.

Estas son las primeras señales de la primavera.

Mis hijas no lo dirán en voz alta al principio. No admitirán que están pensando en mí. No admitirán que sienten curiosidad. No admitirán que están cuestionando el relato con el que las criaron. Pero lo sentirán. Y ese sentimiento, ese tirón silencioso y persistente, es el comienzo del reencuentro. Es el corazón recordando lo que la mente olvidó. Es Dios susurrando en las grietas de sus dudas. Es el primer deshielo después de una década de invierno.

Y yo también lo sentiré. No porque esté adivinando, sino porque he vivido lo suficiente para saber cómo obra la verdad. La verdad espera. La verdad resiste. La verdad se alza. Y la verdad siempre brota desde las raíces.

Los años de reconstrucción

El reencuentro no es un solo día. Es una serie de días. Una serie de conversaciones. Una serie de momentos en los que la verdad reemplaza poco a poco al miedo. Reconstruir es como cuidar un jardín después de un largo invierno. La tierra está dura. Las raíces son frágiles. El crecimiento es lento. Pero la vida sigue ahí, esperando debajo de la superficie.

Habrá conversaciones incómodas, que se sentirán como pisar hielo fino, sin saber qué podría quebrarse bajo nosotros. Habrá largas pausas en las que el aire se sentirá pesado de cosas no dichas—cosas demasiado dolorosas o demasiado confusas para ponerles nombre. Habrá lágrimas que aparecerán de la nada, tibias sobre mejillas frías, lágrimas que cargan años de confusión y anhelo. Habrá preguntas que temerán hacer, temblorosas como hojas nuevas. Habrá recuerdos en los que temerán confiar, frágiles como pétalos. Habrá disculpas que tardarán en formarse, como capullos esperando el sol. Habrá muros que tardarán en bajar, ladrillo por ladrillo, con cuidado.

Pero también habrá risas que sonarán como agua

volviendo a correr, risas que se sentirán como algo despertando dentro de todos nosotros. Habrá sanación que se sentirá como la luz del sol sobre la piel después de demasiados años de frío. Habrá comprensión que se asentará como lluvia tibia. Habrá honestidad que se sentirá como aire fresco después de años de asfixia. Habrá una conexión que crecerá como enredaderas que encuentran su camino hacia la luz. Habrá alivio que se sentirá como el primer día templado después del invierno.

Y habrá amor. Amor verdadero. Amor que sobrevivió a la tormenta. Amor que duró más que las mentiras. Amor que esperó con paciencia a que ellas regresaran.

Reconstruir no será fácil. Pero será sagrado. Porque sanar después de la alienación es una labor sagrada, el tipo de labor que solo el amor puede hacer. Y yo estaré listo para ello. Cada capítulo anterior a este me ha preparado para ello. Cada oración. Cada lágrima. Cada momento de resistencia. Cada página de este libro.

El poder del amor incondicional

El amor incondicional no es blando. No es débil. No es pasivo. El amor incondicional es la fuerza más poderosa del mundo. Es el amor que me hizo conducir trece horas y media hasta Naples sin dudarlo, un viaje que se sintió como cruzar una inmensidad helada con nada más que la fe para guiarme. Es el amor que me mantuvo entero cuando las mentiras intentaron quebrarme, un amor que rodeó mi corazón como un escudo. Es el amor que me mantuvo orando cuando el silencio se volvió insoportable, oraciones susurradas en la oscuridad como semillas sembradas en tierra helada. Es el amor que se negó a volverse amargo, eligiendo la calidez por encima de la escarcha, incluso cuando la escarcha parecía más fácil. Es el amor que permaneció incluso cuando me apartaron, un fuego que se negó a apagarse. Es el amor que nunca dejó de llamarlas mis hijas, incluso cuando ellas no podían llamarme papá.

El amor incondicional es la razón por la que el reencuentro es posible. Porque el amor incondicional deja una marca, una marca permanente, en el corazón de un niño. Aunque me olviden por un tiempo, nunca olvidan la sensación de ser amadas por mí. Y cuando regresan, ese amor se convierte en la base sobre la que reconstruimos. Se convierte en el puente de regreso a casa.

La primera conversación real

Un día, quizá después de meses de pequeños pasos, una de mis hijas se sentará frente a mí. Se verá mayor. Se verá más fuerte. Se verá como alguien que ha vivido cosas que nunca debería haber tenido que vivir. Y dirá algo como:

> "No sabía qué creer."
> O
> Lo siento.
> O
> Estaba confundida.
> O
> No lo entendía.
> O
> Ahora veo las cosas de otra manera.

Y no la interrumpiré. No la corregiré. No le recordaré el dolor. Simplemente diré:

Me alegra que estés aquí.

Porque el amor incondicional no lleva la cuenta. No exige retribución. No castiga. No avergüenza. El amor incondicional da la bienvenida. El amor incondicional abraza.

El amor incondicional reconstruye.

Y en ese momento, sentiré la presencia de Dios en la habitación. Silenciosa. Constante. Sanadora. Como si Él mismo estuviera cosiendo de nuevo los pedazos desgarrados.

Los años que siguen

Los años del reencuentro no son perfectos. No son fáciles. No están exentos de retrocesos. Pero son hermosos. Están llenos de recuerdos nuevos que se sienten como mañanas cálidas. Conversaciones honestas que se sienten como ventanas abiertas. Comidas compartidas que se sienten como un hogar. Fiestas que vuelven a sentirse completas. Risas que se sienten familiares. Una sanación que se siente ganada. Una relación construida sobre la verdad, no sobre el miedo.

Y poco a poco, mis hijas empezarán a verme con claridad. No a través del prisma de la manipulación.

No a través del filtro de las mentiras. No a través del miedo que les enseñaron. Sino a través de la verdad de quién soy. Un padre que se quedó. Un padre que luchó. Un padre que oró. Un padre que las amó sin condiciones. Un padre que nunca se rindió.

Y yo también las veré con claridad. No como las niñas que perdí, sino como las mujeres en que se convirtieron a pesar de todo lo que soportaron.

Los años del reencuentro son la prueba

La prueba de que el amor es más fuerte que la alienación.

La prueba de que la verdad es más fuerte que las mentiras.

La prueba de que Dios restaura lo que fue robado.

La prueba de que el corazón de un padre puede sobrevivir a cualquier cosa.

La prueba de que mis hijas nunca estuvieron perdidas, solo escondidas detrás del relato de otra persona.

Y cuando regresen, cuando por fin vean la verdad, cuando por fin se sientan lo bastante seguras para amarme libremente otra vez, comprenderé algo poderoso.

El amor incondicional no solo las trajo de vuelta.

El amor incondicional me mantuvo con vida el tiempo suficiente para verlo suceder.

CAPÍTULO 24

LA VIDA RECONSTRUIDA

"Dios no devuelve lo que fue robado en la misma condición. Lo devuelve restaurado."

Hay un momento en todo viaje largo en que el pasado por fin afloja su agarre—no porque desaparezca, no porque el dolor se olvide y no porque las cicatrices se desvanezcan hasta no ser nada.

El pasado afloja su agarre porque algo más fuerte se alza en su lugar. Algo cálido. Algo firme. Algo vivo. Algo que se siente como el aliento que vuelve a los pulmones cuando han estado oprimidos durante años. Algo que se siente como la luz del sol tocando una piel que ha conocido demasiado frío. Algo que se siente como Dios susurrando: "Todavía no he terminado contigo."

El capítulo veinticuatro es ese momento. Este es el capítulo en que la vida vuelve a completarse. No perfecta. No intacta. No libre de memoria ni de duelo. Sino reconstruida con intención, con verdad, con fe y con la clase de amor que sobrevivió a todo lo que quiso destruirlo. Esta es la vida reconstruida.

Una vida que ya no está definida por la pérdida

Durante años, mi vida se sentía como una casa con demasiadas habitaciones vacías. Habitaciones donde la risa solía resonar como música. Habitaciones donde los recuerdos solían vivir como una luz cálida. Habitaciones donde el silencio se posaba como polvo, espeso e inmóvil. Mis días estaban moldeados por lo que me habían quitado. Tiempo. Recuerdos. Hitos. Confianza. Conexión. La infancia de mis hijas. La pérdida era el idioma que hablaba. El dolor era la sombra que me seguía. El silencio era el aire que respiraba.

Había días en que me sentía como un fantasma en mi propia historia, atravesando momentos sin estar de verdad en ellos. Días en que me preguntaba si la verdad alguna vez se alzaría por encima de las mentiras. Días en que cuestionaba si el amor bastaba para sobrevivir a la tormenta. Días en que sentía que me aferraba a la esperanza con las manos ensangrentadas.

Pero la vida reconstruida no está definida por esas pérdidas. Está definida por lo que me negué a perder. Mi fe, la llama silenciosa que nunca se apagó ni siquiera cuando el viento aullaba. Mi integridad, la columna vertebral que me mantuvo erguido cuando todo intentó doblarme. Mi esperanza, el susurro que decía: «Sigue adelante» cuando rendirme parecía más fácil. Mi identidad como padre, la verdad que ninguna mentira pudo borrar. Mi capacidad de amar, incluso cuando ese amor no fue correspondido. Mi convicción de que la verdad resurgiría, incluso cuando estaba enterrada en lo profundo bajo años de manipulación.

La vida reconstruida comienza en el momento en que me doy cuenta de que el dolor me moldeó, pero no es dueño de mí. No soy el hombre roto por el pasado. Soy el hombre reconstruido por el amor. Y esa comprensión es el punto de inflexión de todo.

Un hogar lleno de nueva luz

A medida que mis hijas regresan, lentamente, con cautela, con valentía, mi hogar empieza a respirar de nuevo. La luz entra de otra manera por las ventanas. Más cálida. Más suave. Como si la casa misma reconociera el sonido de sus voces y exhalara. No se siente como el hogar que una vez imaginé cuando eran pequeñas. Se siente como el hogar que me gané a fuerza de resistencia, de fe, de negarme a desaparecer.

Hay nuevas tradiciones. Cenas llenas de risas que se sienten como la luz del sol sobre la piel tras demasiados inviernos. Fiestas que vuelven a sentirse completas, como una colcha cosida de nuevo con manos cuidadosas. Conversaciones que se extienden hasta bien entrada la noche, cálidas como la luz de una vela, honestas como una oración. Momentos silenciosos en los que la sanación ocurre sin palabras, solo el sonido de respirar otra vez en la misma habitación, el sonido de la presencia restaurada.

Hay nuevos recuerdos. Una hija pidiéndome consejo, con la voz temblando de una confianza en la que todavía está aprendiendo a sentirse segura. Una broma compartida que se convierte en un clásico familiar, de esas que hacen reír a todos antes incluso de que se diga el remate. Un momento en que me abraza sin dudar, sus brazos alrededor de mí como una oración respondida. Un día en que me dice papá como si nunca hubiera dejado de hacerlo, como si la palabra nunca hubiera abandonado su boca ni su corazón.

Y hay una paz nueva. De esa que se asienta hondo en los

huesos. De esa que se logra cuando la verdad echa raíces. De esa que se siente como si Dios dijera: «Te dije que restauraría lo que fue robado». Mi hogar vuelve a llenarse de calidez. No porque el pasado haya sido borrado, sino porque el amor ha regresado a las habitaciones donde antes vivía el silencio.

Un padre que ha crecido

La vida reconstruida no se trata solo de que cambien mis hijas. También se trata de que yo cambié. No soy el mismo hombre que comenzó este camino. Soy más fuerte, no en músculo, sino en espíritu. Soy más sabio, no por los libros, sino por el corazón roto. Soy más paciente, porque esperar se convirtió en mi oración diaria. Soy más compasivo, porque aprendí cómo se siente el sufrimiento por dentro. Estoy más arraigado en la fe, porque la fe fue lo único que me sostuvo cuando todo lo demás se derrumbó. Soy más consciente de lo que de verdad importa, porque todo lo demás se desvaneció.

He aprendido a amar sin condiciones, a perdonar sin olvidar, a mantenerme en pie sin amargura, a confiarle a Dios lo que no puedo controlar y a reconstruir sin resentimiento. Mis hijas verán esto. Lo sentirán. Se verán atraídas por ello. Porque el padre que por fin conocen es un hombre forjado por el fuego, pero no consumido por él. Un hombre refinado, no arruinado. Un hombre reconstruido, no roto. Y ese es el tipo de padre que merecieron desde el principio.

Una familia restaurada, no reemplazada

La vida reconstruida no consiste en fingir que el pasado no sucedió. Consiste en crear un futuro más fuerte gracias a ello. Mis hijas llevarán cicatrices. Yo también. Pero las cicatrices son prueba de supervivencia, no señales de debilidad. Juntos, aprenderemos a hablar del pasado sin ahogarnos en él. A perdonar sin borrar la verdad. A reconstruir la confianza un momento a la vez. A crear una relación basada en quiénes somos ahora, no en quiénes nos dijeron que debíamos ser.

Y lentamente, la familia que fue desgarrada se convierte en una familia reconstruida. No por la fuerza. No por órdenes judiciales. No por culpa. Sino por amor. Un amor que sobrevivió a todo lo que intentó destruirlo. Un amor que se alzó de las cenizas. Un amor que se negó a morir. Esto no es un reemplazo de lo que se perdió. Es la restauración de lo que estaba destinado a ser.

Un futuro moldeado por la verdad

La vida reconstruida es una vida en la que la verdad por fin tiene la última palabra. Mis hijas se convertirán en mujeres que comprenderán cómo se ve la manipulación. Qué se siente al experimentar el amor incondicional. Qué es realmente la fortaleza. Cómo la fe puede sostener a una persona. Qué significa tener un padre que nunca se rindió.

Les dirán a sus propios hijos: "Mi papá nunca dejó de amarme. Incluso cuando yo no podía verlo. Incluso cuando lo aparté. Incluso cuando creí cosas que no eran verdad. Se quedó. Oró. Esperó. Me amó hasta traerme de vuelta a casa."

Y ese legado es la vida reconstruida. Un legado nacido de la verdad, sostenido por la fe y sellado por el amor.

Una vida bendecida, no rota

La vida reconstruida no es perfecta. Todavía tiene desafíos. Todavía tiene momentos de duda. Todavía tiene días en los que el pasado retumba como un trueno lejano. Pero es bendecida. Bendecida porque Dios restauró lo que fue robado. Bendecida porque el amor sobrevivió a las mentiras. Bendecida porque la verdad se elevó por encima de la manipulación. Bendecida porque resistí la tormenta. Bendecida porque mis hijas regresaron a casa. Bendecida porque nunca dejé de creer que lo harían.

Esta es la vida reconstruida: una vida moldeada por la fe, sostenida por la esperanza y definida por el amor incondicional de un padre que se negó a desaparecer.

CAPÍTULO 25

CUANDO LA HISTORIA SE CONVIERTE EN TESTIMONIO

"Dios no desperdicia el dolor; lo convierte en propósito."

Llega un momento en todo viaje largo y doloroso en que te das cuenta de que la historia que has cargado, la que casi te quebró, a la que solo sobreviviste por la gracia de Dios, nunca estuvo destinada a permanecer encerrada dentro de tu pecho. Nunca estuvo destinada a ser enterrada bajo la vergüenza ni oculta detrás del silencio ni cargada a solas en los rincones oscuros de tu corazón. Porque esta historia, por personal y devastadora que sea, nunca se trató solo de mí. Se trató de cada padre o madre que alguna vez ha sido borrado de la vida de su hijo. Se trató de cada niño que alguna vez ha sido manipulado para creer una mentira. Se trató de cada familia desgarrada por el engaño. Se trató de cada corazón destrozado por un sistema demasiado ciego o demasiado indiferente para ver la verdad. Este es el capítulo en el que la historia se convierte en algo más que dolor. Aquí es donde se convierte en testimonio. Un testimonio de resistencia. Un testimonio de fe. Un testimonio del amor que se niega a morir. Un testimonio para cualquiera que esté recorriendo el mismo camino oscuro que recorrí yo. Y entretejidas en este capítulo están las verdades que me sostuvieron cuando nada más pudo hacerlo.

Verdad clave número uno: El amor me movió, no la ira

Cuando llegó la llamada desde Naples, cuando escuché los gritos y el pánico y la desesperación en su voz, algo dentro de mí se abrió de una manera que no puedo explicar del todo. No pensé en el pasado. No pensé en los años de silencio. No pensé en las mentiras que se habían dicho sobre mí. No pensé en absoluto. Me moví. Me subí a mi coche y conduje trece horas y media durante la noche porque el amor se mueve más rápido que el miedo, más rápido que la duda, más rápido que cada mentira que intentó mantenerme lejos. Ese momento no fue solo el comienzo de un capítulo. Fue el momento en que Dios susurró a mi espíritu: "Ve. Ella te necesita". Fue el momento en que el amor dejó atrás todo lo que intentó detenerlo.

Verdad clave número dos: La alienación es un borrado lento

La alienación no te arrebata a tu hijo en un solo momento violento. Te borra lentamente, en silencio, casi de manera invisible. Te borra a través de mentiras repetidas hasta que se convierten en recuerdos. Te borra a través de acusaciones que se adhieren con más fuerza de la que la verdad jamás podría. Te borra a través de la manipulación disfrazada de protección. Te borra a través de que a un niño se le enseñe a temer al padre equivocado. Te borra a través de un sistema demasiado ciego para ver el daño que se está haciendo. La alienación es la clase más silenciosa de muerte, la muerte de la presencia, la muerte del vínculo, la muerte de ser conocido por tu propio hijo. Es la herida que no sangra, pero nunca deja de doler. Y, aun así, incluso en medio de ese borrado, Dios mantuvo viva una chispa, una chispa que la manipulación no pudo sofocar del todo, una chispa que esperó el momento adecuado para volverse llama.

Verdad clave número tres: A la verdad solo le dan quince minutos

En las salas de los tribunales, en las conversaciones, en las mentes de niños moldeados por la manipulación, una mentira puede tardar años en construirse. A la verdad le conceden quince minutos. Y para cuando un niño crece creyendo la mentira, para cuando las falsas acusaciones se convierten en su realidad, para cuando la alienación ha hecho su trabajo, la verdad se siente ajena. Se siente desconocida. Se siente incómoda. No porque la verdad sea débil, sino porque la mentira ha sido su cimiento durante tanto tiempo que cualquier cosa distinta se siente peligrosa. Pero Dios tiene una manera de sacudir los cimientos. Tiene una manera de revelar lo que estaba oculto. Tiene una manera de sacar la verdad a la superficie, aunque tome años. La verdad no muere. Espera.

Verdad clave número cuatro: Un padre puede quedar destrozado, pero seguir de pie

Me han quebrado de maneras que nunca creí posibles. Me han acusado de cosas que nunca hice. Me han culpado de cosas que nunca provoqué. Me han pintado como el villano en una historia que yo no escribí. Me han borrado de recuerdos que ayudé a crear. Pero me quedé. Me quedé en medio del desgarro que sentía que iba a aplastarme. Me quedé en medio del silencio que resonaba más fuerte que las palabras. Me quedé en medio de la manipulación que retorcía todo lo que decía y hacía. Me quedé en medio de las batallas legales que drenaron mis fuerzas. Me quedé en los momentos en que la esperanza parecía un hilo fino deslizándose entre mis dedos. Porque los padres no renuncian. No los padres de verdad. No los padres que aman a sus hijos más que a su propia comodidad. No los padres que entienden que el amor no se demuestra por ser bienvenidos, sino por negarse a marcharse. Y Dios se quedó conmigo. Incluso cuando me sentí olvidado. Incluso cuando me sentí invisible. Incluso cuando sentía que mis oraciones golpeaban el techo y volvían a caer. Él se quedó.

Verdad clave número cinco: Dios me llevó en brazos cuando no podía caminar

Esta travesía se ha sentido como una guerra entre el bien y el mal, entre la verdad y el engaño, entre el amor y el control. Y la única razón por la que sigo de pie es que Dios me sostuvo cuando no podía mantenerme en pie por mí mismo. Me llevó en brazos cuando no podía caminar. Me sostuvo cuando no podía respirar. Susurró esperanza en rincones dentro de mí que se sentían huecos y vacíos. Me dio fuerzas cuando ya no me quedaba ninguna. Hubo noches en que lloré hasta que me dolió el pecho. Noches en que le rogué a Dios que arreglara lo que yo no podía arreglar. Noches en que me pregunté por qué Él permitió que esto sucediera. Y aun así, incluso en el silencio, Él estaba obrando. Mi fe no quitó el dolor, pero evitó que me ahogara en él. Me mantuvo con vida.

Verdad clave número seis: Una hija todavía me ve con claridad

De mis tres hijos, una sigue conmigo. Una ve la verdad. Una ve al hombre que realmente soy. Una ve el amor que doy sin condiciones. Ella es la prueba de que las mentiras no me definen. Ella es el recordatorio de que no soy el hombre que las acusaciones intentaron hacerme parecer. Ella es el ancla que Dios puso en mi vida para mantenerme firme. A través de sus ojos, recuerdo quién soy. No el padre borrado. No el hombre acusado. No el fantasma en la historia de otra persona. Sino el padre que se quedó. El padre que luchó. El hombre que se negó a desaparecer. Y crecerá conociendo la verdad, no porque yo se la haya dicho, sino porque la vivió.

Verdad clave número siete: Mi historia no es solo mía

Comparto esta historia porque en algún lugar, ahí afuera, un padre está siendo víctima de alienación parental. A una madre la están borrando. A un niño lo están manipulando. A un progenitor lo están acusando falsamente. Una familia está siendo destrozada por mentiras. Alguien está perdiendo la esperanza. Y necesita saber esto. No estás solo. Tu dolor es real. Tu amor sigue importando. Tu verdad sigue importando. Tu historia no ha terminado. Si mi camino toca, aunque sea un corazón, si le da a un progenitor la fuerza para seguir luchando, si le da a un niño el valor para cuestionar las mentiras, si le da a una familia una chispa de esperanza, entonces todo lo que he soportado tendrá un significado más allá de mi propio sufrimiento. Porque el dolor sin propósito es sufrimiento. El dolor con propósito se convierte en testimonio.

CAPÍTULO 26

EL LEGADO QUE DEJAS ATRÁS

"Algunas historias no terminan. Resuenan."

Hay historias que se desvanecen con el tiempo, historias que pierden su color y su sentido a medida que pasan los años. Hay historias que se desmoronan bajo la presión, que colapsan bajo el peso del miedo o del silencio. Hay historias que se quiebran bajo el peso de las mentiras, historias que nunca reciben el final que merecen porque alguien más controló la narrativa. Y luego están historias como la mía.

Historias construidas sobre la resiliencia que se negó a morir. Historias sostenidas por la fe que se negó a ceder. Historias fortalecidas por el sufrimiento que intentó aplastarlas. Historias que se mantuvieron unidas por el amor de un padre que se negó a rendirse, incluso cuando todo a su alrededor le decía que debía hacerlo.

El capítulo veintiséis no es solo el cierre de un libro. Es el comienzo de un legado. Un legado que le habla a todo padre o madre que alguna vez haya sido silenciado, a todo niño que alguna vez haya sido engañado, a toda familia desgarrada por la manipulación, a todo corazón que alguna vez se haya preguntado si el amor basta para sobrevivir a la tormenta. Este capítulo es mi testimonio. Mi ofrenda. Mi verdad. Mi eco.

Un testimonio de resiliencia

La resiliencia no consiste en ser inquebrantable. Consiste en estar quebrado y levantarse de todos modos. Consiste en ponerse de pie cuando todo dentro de ti pesa demasiado. Consiste en elegir la esperanza cuando la desesperación parece más fácil. Consiste en seguir adelante cuando el camino por delante parece no tener fin.

Fui acusado en falso. Fui incomprendido. Fui borrado de la vida de mis hijas. Fui apartado por la manipulación. Fui ignorado por un sistema que debería haberme protegido. Me culparon por cosas que nunca hice. Fui juzgado por personas que nunca conocieron la verdad. Y aun así, seguí en pie.

Seguí en pie cuando el mundo intentó derribarme. Seguí en pie cuando pusieron a mis hijas en mi contra. Seguí en pie cuando el silencio se volvió insoportable, cuando las noches se extendían, largas y vacías. Seguí en pie cuando las mentiras parecían más fuertes que mi voz. Seguí en pie cuando otros decían que debía rendirme, cuando me decían que siguiera adelante, cuando me decían que la lucha no tenía sentido. Seguí en pie cuando el camino parecía interminable. Seguí en pie cuando la esperanza se volvía tenue. Seguí en pie cuando sentía el corazón demasiado pesado para levantarlo.

Mi resiliencia no es solo fortaleza. Es supervivencia. Es resistencia. Es la prueba de que el corazón de un padre puede soportar tormentas que destruirían a la mayoría. Mi resiliencia es la columna vertebral de esta historia. La espina dorsal de cada capítulo. La razón por la que este libro existe.

Un testimonio de fe

La fe me sostuvo cuando nada más podía hacerlo. La fe me mantuvo avanzando cuando el camino parecía interminable y las noches se sentían huecas. La fe me mantuvo entero cuando mi corazón se rompía de formas que no sabía que se podían. La fe me recordó que Dios ve lo que los tribunales no ven. La fe me susurró que la verdad se alzaría a su debido tiempo, aunque ese tiempo estuviera mucho más allá de lo que yo quería. La fe me dijo que mis hijas nunca estuvieron perdidas, solo escondidas detrás de la narrativa ajena.

Oré en medio del silencio. Oré en medio de las acusaciones. Oré en medio del quebranto. Oré en medio de la espera. Oré durante las noches en que me sentía olvidado. Oré durante los días en que me sentía invisible. Y Dios escuchó cada palabra.

Mi fe no es solo una creencia. Es el fundamento de mi resistencia. Es la razón por la que sigo en pie. Es la razón por la que esta historia tiene un futuro. Es la razón por la que algún día mis hijas verán con claridad. La fe es el hilo que me sostuvo cuando todo lo demás se vino abajo.

Un testimonio del amor de un padre

No hay fuerza en la tierra más poderosa que el amor de un padre. Ni las mentiras. Ni la manipulación. Ni la distancia. Ni el tiempo. Ni las opiniones de los demás. Ni el sistema. Ni el silencio.

Mi amor me hizo conducir trece horas y media sin vacilar.
Mi amor sostuvo a mi hija en medio de su derrumbe.
Mi amor pidió ayuda cuando ella estaba en crisis.
Mi amor tendió la mano incluso cuando ella no respondía.

Mi amor siguió siendo amable incluso cuando ella repetía las palabras de otra persona.
Mi amor nunca se volvió amargo.
Mi amor nunca se apartó.
Mi amor nunca dejó de creer en ella.
Mi amor nunca dejó de orar por ella.
Mi amor nunca dejó de luchar por la verdad.
Mi amor nunca dejó de ser su padre.
Mi amor es la razón por la que esta historia continúa.
Mi amor es la razón por la que mis hijas algún día regresarán.
Mi amor es la razón por la que la sanación es posible.
Este libro no trata de lo que me hicieron.
Trata de lo que elegí hacer de todos modos.
Amar.
Resistir.
Permanecer.
Creer.
Esperar.
Luchar.
Perdonar.
Orar.
Ese es el poder del amor de un padre.

Un testimonio para todo padre o madre que lea esto

Este capítulo no es solo para mí. Es para todo padre o madre a quien alguna vez hayan alienado. Todo padre o madre a quien alguna vez hayan borrado. Todo padre o madre sobre quien alguna vez hayan mentido. Todo padre o madre que alguna vez haya llorado a solas en la oscuridad. Todo padre o madre que se haya preguntado si su hijo llegará alguna vez a conocer la verdad. Todo padre o madre que alguna vez se haya sentido impotente frente a un sistema que no escucha. Todo padre o madre que alguna vez se haya aferrado a la esperanza con las manos temblorosas.

Mi historia les dice:
No están solos.
Su dolor es real.
Su amor aún importa.
Su verdad aún importa.
Su voz aún importa.
El corazón de su hijo aún recuerda.
Su resistencia no es en vano.
Su fe no es en vano.
Su historia no ha terminado.
Este libro es una mano tendida hacia ellos en la oscuridad.
Un recordatorio de que incluso en el dolor más profundo,
todavía hay esperanza.
Un recordatorio de que el amor no muere.
Un recordatorio de que la verdad no desaparece.
Un recordatorio de que Dios restaura lo que fue robado.

Un testimonio que me sobrevivirá

Algún 'día, mucho después de que los tribunales hayan quedado en silencio, mucho después de que las mentiras se hayan desvanecido, mucho después de que las heridas hayan sanado, mucho después de que el mundo haya olvidado los detalles de esta batalla, mis hijas contarán esta historia.

Les dirán a sus hijos:

"Mi padre nunca se dio por vencido conmigo."
Nunca dejó de amarme.
Nunca dejó de orar por mí.
Nunca dejó de creer en mí.
Se quedó.
Luchó.
Resistió.
Perdonó.
Me amó hasta traerme de vuelta a casa.
Ese es mi legado.
No las acusaciones.
No las mentiras.
No los años que me robaron.
No el dolor que cargué.
Mi legado es la resiliencia.
Mi legado es la fe.
Mi legado es el amor.
Mi legado es la verdad que sobrevivió a todo lo que pretendió destruirla.
Y ese legado me sobrevivirá.
Resonará.
Se alzará.
Hablará mucho después de que yo ya no esté.
Vivirá en mis hijas.
Vivirá en sus hijos.
Vivirá en todo padre o madre que encuentre fuerza en estas páginas.
Este es el legado que dejo tras de mí.

CAPÍTULO 27
EL CAMINO POR DELANTE

"La fe no promete un camino fácil. Promete que no lo recorrerás solo."

El camino por delante no es recto, y nunca lo ha sido. Se tuerce y gira de maneras que nunca esperé, llevándome por valles que no elegí y montañas que nunca pedí escalar. Se dobla en curvas que no puedo ver, y se extiende hacia lugares en los que nunca he estado. No es llano, porque nada de este viaje ha sido fácil, apacible ni predecible. No es predecible, porque cada día trae algo nuevo, algo incierto, algo que me recuerda que no tengo el control ni del momento ni del desenlace. No hay garantía de que traiga las respuestas que deseo ni los reencuentros por los que oro, y esa verdad es algo con lo que he tenido que aprender a vivir, algo con lo que he tenido que hacer las paces, incluso cuando dolía.

Pero es un camino que sigo recorriendo, un paso a la vez, una oración a la vez, un día a la vez, porque detenerme significaría rendirme a la oscuridad, y me niego a hacerlo. Me niego a dejar que el dolor que dejo atrás defina el camino que tengo por delante. Me niego a dejar que las mentiras que una vez intentaron enterrarme dicten la dirección de mi futuro. Me niego a dejar que el miedo decida adónde iré después. Camino porque caminar es la fe en movimiento. Camino porque la esperanza es una elección que hago cada mañana. Camino porque el amor sigue vivo en mí, y el amor siempre avanza.

Porque esta historia no ha terminado. No para mí. No para mis hijas. No para la verdad que ha sido enterrada, pero no destruida. Y este capítulo es donde el viaje pasa de lo que ha sucedido a lo que todavía puede suceder, del dolor que dejó atrás a la posibilidad que tengo por delante, de las heridas que me moldearon al propósito que ahora me guía.

Un camino construido sobre la fe, no sobre la certeza

No sé qué traerá el mañana. No sé cuándo se derrumbarán las mentiras ni cuándo la manipulación perderá su dominio. No sé cuándo mis hijas verán la verdad con claridad, sin la niebla del miedo y la confusión que ha nublado su visión durante tanto tiempo. No sé cuándo llegará el momento en que todo por fin cobre sentido.

Pero sí sé esto: Dios aún no ha terminado.

Él me ha sostenido a través de tormentas que no creí que pudiera sobrevivir, tormentas que deberían haberme quebrado pero que, de algún modo, no lo hicieron. Me ha levantado cuando el peso de la alienación se sentía insoportable, cuando el silencio se sentía como un castigo que yo no merecía. Me ha dado fuerzas cuando ya no me quedaban, fuerzas que venían de un lugar más profundo que mi propia voluntad. Me ha dado esperanza cuando el mundo intentó arrebatármela, cuando cada puerta parecía cerrarse y cada oración parecía no tener respuesta.

Y creo, profunda, silenciosa y tercamente, que Él sigue obrando, incluso cuando no puedo verlo, incluso cuando no puedo sentirlo, incluso cuando el camino por delante parece largo y solitario. La fe no consiste en conocer el resultado. La fe consiste en confiar en Aquel que camina a tu lado. La fe es el valor de dar el siguiente paso incluso cuando el sendero está oculto. La fe es la fuerza para seguir adelante incluso cuando la noche parece interminable. La fe es el susurro que dice: "No estás solo."

Un camino que aún guarda posibilidades

El futuro puede traer sanación, de la clase que restaura lo que fue quebrado y devuelve la vida a los lugares que parecían muertos. Puede traer reconexión, de la clase que reconstruye los puentes que las mentiras destruyeron. Puede traer comprensión, de la clase que abre los ojos y ablanda los corazones. Puede traer disculpas, de la clase que reconoce el dolor que se causó. Puede traer la verdad elevándose por encima de las mentiras, una verdad que por fin se alza más que las historias que se contaron. Puede traer a una hija tendiendo la mano de vuelta, aunque sea solo con un pequeño paso. Puede traer un momento en el que todo, al fin, tenga sentido.

O puede traer más espera. Más silencio. Más distancia. Y he aprendido a aceptar también esa posibilidad. He aprendido que esperar no es debilidad. Esperar es la fe estirada hasta casi romperse, pero aun resistiendo. Esperar es la esperanza negándose a morir. Esperar es el amor negándose a rendirse.

Pero aun si el camino es largo, no lo recorro con las manos vacías. Llevo conmigo el amor que di, la verdad que viví, el padre que elegí ser, la fe que me sostuvo y la esperanza que se niega a morir. Y esas cosas importan, aunque mis hijas todavía no lo vean. Porque el amor deja huellas. La verdad deja un rastro. Y la esperanza deja una luz encendida.

Siempre hay un camino de regreso cuando el amor ha mantenido la puerta abierta.

Un camino que aún tiene propósito

Este viaje me ha moldeado de maneras que nunca imaginé. Me ha hecho más fuerte, no de la manera estridente que la gente imagina, sino de la manera silenciosa que crece en la oscuridad. Me ha hecho más paciente, porque la paciencia es la única forma de sobrevivir a una batalla que avanza tan lentamente. Me ha hecho más compasivo, porque el dolor te enseña a ver las heridas en los demás. Me ha hecho más consciente de las batallas que otros libran en silencio, batallas que no se parecen en nada a la mía, pero que duelen igual de hondo.

Me ha convertido en una voz para los padres que se sienten borrados, los padres que se sienten invisibles, los padres que sienten que les han robado su amor. Me ha convertido en un testigo del poder de la resistencia, de esa resistencia que te mantiene en pie cuando todo intenta derribarte. Me ha convertido en alguien que entiende profundamente el dolor y, por lo tanto, entiende profundamente a las personas.

Y me ha dado un propósito más allá de mi propio sufrimiento: ayudar a otros a sobrevivir al suyo. Mi historia no es solo un registro de lo que pasó. Es una hoja de ruta para cualquiera que esté atravesando la alienación, falsas acusaciones, manipulación o un sistema roto. Si mi camino le da fuerza a alguien más, si le da valor, si le da fe, si le da esperanza, entonces el sufrimiento no fue en vano. Porque el propósito nace en los lugares donde el dolor se niega a vencer.

Un camino compartido con la hija que aún camina a mi lado

A través de todo - el desamor, la pérdida, las batallas legales, las mentiras—una hija ha permanecido a mi lado. Ella me ve. Ella me conoce. Ella me ama sin condiciones. Ella me recuerda que sigo siendo un padre en el sentido más verdadero de la palabra. Ella es la prueba de que el amor puede sobrevivir a la tormenta, incluso cuando esta intenta desgarrarlo todo. Ella es el recordatorio de que no me definen las mentiras, no me moldean las acusaciones, no me reduce la narrativa que alguien más creó. Ella es el ancla que Dios puso en mi vida para mantenerme firme.

Ella crecerá sabiendo la verdad, no solo sobre mí, sino sobre cómo es el amor cuando se niega a rendirse. Ella es el testimonio vivo de que mi historia no ha terminado, de que el amor todavía triunfa en los lugares donde antes habitaban las mentiras. Y un día, cuando sus hermanas vengan en busca de respuestas, será ella quien diga, "Él nunca se fue". "Nunca dejó de amarlas". "Nunca dejó de luchar por ustedes."

Un camino que lleva a un lugar mejor

El camino por delante puede ser largo. Puede ser doloroso. Puede ser incierto. Pero no es un camino sin esperanza. Porque sigo caminando. Porque Dios sigue guiando mis pasos. Porque la verdad sigue viva. Porque el amor sigue siendo más fuerte que las mentiras. Porque los corazones de mis hijas siguen latiendo, y mientras lo hagan, todavía hay tiempo para sanar.

Y algún día, quizá más pronto de lo que imagino, quizá más tarde de lo que espero, la verdad se alzará. Las mentiras pueden durar años. La manipulación puede durar décadas. Pero la verdad - la verdad siempre encuentra el camino de regreso a casa. Y cuando lo haga, yo estaré aquí. Todavía de pie. Todavía amando. Todavía listo.

Porque el camino por delante no se trata de lo que he perdido.

Se trata de aquello que me niego a dar por perdido.

CAPÍTULO 28

LA ÚLTIMA PALABRA

"Mi historia no termina aquí. Comienza de nuevo en los corazones que alcanza."

Toda historia tiene un capítulo final, pero no toda historia termina. Algunas historias continúan mucho después de que se pasa la última página. Viven en los corazones que tocan, en las vidas que fortalecen, en las personas a las que llegan. Viven en esos momentos silenciosos en que alguien se sienta a solas con su dolor y se susurra a sí mismo: "Si él sobrevivió a esto, quizá yo también pueda." Este capítulo, el Capítulo 29, no es un final para mí. Es una declaración. Es una verdad tallada en el dolor, moldeada por la fe y llevada por un padre que se negó a desaparecer. Esta es la última palabra. No sobre mi sufrimiento. No sobre mis hijas. No sobre los años que me robaron. Sino sobre el sentido de mi travesía.

Resistí

Resistí lo que muchos no habrían resistido. Resistí lo que muchos nunca comprenderán. Resistí acusaciones que cortaban más hondo que cualquier herida y un silencio que retumbaba más fuerte que cualquier grito. Resistí una manipulación que intentó borrarme y un sistema que me falló de todas las maneras en que un sistema puede fallarle a un padre. Resistí un desgarro que habría quebrado a la mayoría de los hombres. Pero no me quebré. Me doblé bajo su peso. Sangré por heridas que nadie podía ver. Lloré en la oscuridad, donde nadie podía oírme. Recé oraciones, que sentía disolverse antes de alcanzar el cielo. Cuestioné todo lo que creía saber sobre la justicia, sobre el amor, sobre mí mismo. Sufrí de formas que me transformaron. Pero no me quebré.

Mi resistencia no es solo fuerza. Es testimonio. Es prueba de que el corazón de un padre puede sobrevivir a tormentas destinadas a destruirlo. Es prueba de que el amor puede perdurar más que las mentiras. Es prueba de que la verdad puede sobrevivir a la manipulación. Es prueba de que la fe puede llevar a un hombre a través del fuego y hacerlo salir purificado, no arruinado. Mi resistencia es la columna vertebral de todo este libro. Es el hilo que me mantuvo unido cuando todo lo demás se desmoronó. Es la razón por la que sigo de pie. Es la razón misma por la que esta historia existe.

Amé sin condiciones

El amor incondicional no es débil. No es fácil. No es indoloro. El amor incondicional es elegir amar cuando tienes todas las razones para no hacerlo. Es amar a una hija que ha sido puesta en tu contra, a una hija que repite las palabras de otra persona, a una hija que no puede verte con claridad, a una hija que se aleja. El amor incondicional es quedarse cuando me echaron. Es orar cuando me sentía olvidado. Es esperar cuando la esperanza parecía una insensatez. Es luchar cuando el mundo me dijo que me rindiera.

Mi amor fue incondicional. Y esa es la mayor verdad de esta historia. Mi amor no dependía de que ellas me comprendieran. Mi amor no dependía de su presencia. Mi amor no dependía de su capacidad para verme con claridad. Mi amor estaba arraigado en quien soy. Un padre. Un protector. Un hombre que se niega a abandonar a sus hijas incluso cuando a ellas se les enseña a abandonarlo. El amor incondicional es la razón por la que sobreviví. El amor incondicional es la razón por la que ellas volverán. El amor incondicional es la razón por la que esta historia importa.

Mi fe me sostuvo

La fe no es la ausencia de dolor. La fe es la fuerza para atravesarlo. Caminé a través de la oscuridad con nada más que la mano de Dios para guiarme. Caminé a través de las mentiras con nada más que la verdad en mi corazón. Caminé a través de la alienación, con nada más que la esperanza en mi alma. Mi fe no hizo desaparecer la tormenta. Me mantuvo de pie en medio de ella. Mi fe susurró cuando el mundo guardó silencio. Mi fe me sostuvo cuando sentía el corazón demasiado pesado para levantarlo. Mi fe me recordó que Dios ve lo que el hombre pasa por alto. Mi fe me dijo que la verdad se alza incluso cuando está enterrada muy hondo. Mi fe me prometió que mis hijas nunca estuvieron perdidas, solo ocultas detrás de la historia de otra persona.

Y por esa fe, mi historia no terminó en derrota. La fe es la razón por la que sigo aquí. La fe es la razón por la que seguí escribiendo. La fe es la razón por la que seguí amando. La fe es la razón por la que seguí respirando cuando el dolor intentó asfixiarme. La fe es la razón por la que este libro existe.

Mis hijas sabrán la verdad

Tal vez no hoy. Tal vez no mañana. Tal vez no durante años. Pero la verdad tiene su manera de salir a la luz cuando el corazón está listo para escucharla. Mis hijas crecerán. Cuestionarán. Recordarán. Verán las incongruencias. Sentirán el vacío de las mentiras. Reconocerán la manipulación. Entenderán el silencio. Se darán cuenta de quién se quedó.

Y cuando eso ocurra, sabrán la verdad. Nunca las dejé. Nunca dejé de amarlas. Nunca dejé de luchar por ellas. Nunca dejé de orar por ellas. Nunca dejé de ser su padre. Esa verdad sobrevivirá a cada mentira que alguna vez se haya dicho sobre mí. Se alzará en sus corazones como el amanecer después de una larga noche. Se asentará en sus almas como algo que siempre supieron, pero olvidaron. Las guiará de regreso a mí cuando llegue el momento.

La verdad es paciente. La verdad es constante. La verdad es invicta. Y la verdad, las traerá de vuelta a casa.

Mi historia importa

Este libro no es solo mi historia. Es una tabla de salvación para otros. Para el padre que llora solo en su coche. Para la madre borrada por las mentiras. Para el padre o la madre que lucha contra un sistema que no le escucha. Para el niño atrapado en medio. Para la familia desgarrada por la manipulación. Para el corazón que se siente olvidado.

Mi historia les dice que no están solos, que no están locos, que no son débiles, que no están derrotados, que no son el villano, que no son el acusado. Mi historia les dice que sigan adelante, que sigan orando, que sigan creyendo, que sigan amando, que sigan de pie, que sigan luchando, que sigan esperando. Porque la sanación es posible. El reencuentro es posible. La restauración es posible. La verdad es posible. El amor es posible.

Mi historia es un farol en la oscuridad. Un recordatorio de que, incluso en el dolor más profundo, todavía hay luz. Un recordatorio de que, incluso en el invierno más largo, la primavera siempre llega.

Gané

No en los tribunales. No en las discusiones. No en las batallas libradas sobre el papel. Gané en el único lugar que importa: mi corazón. Conservé mi integridad. Conservé mi fe. Conservé mi amor. Conservé mi esperanza. Conservé mi identidad como padre. Y nadie—ni las mentiras, ni la manipulación, ni la alienación, ni el sistema legal, ni nada—podrá jamás quitarme eso.

Esta es la última palabra. Soy un padre que se quedó. Un padre que amó. Un padre que resistió. Un padre que nunca se rindió. Un padre cuya verdad sobrevivirá a cada mentira. Y ese es el legado que yo

dejo atrás. No el dolor. No las acusaciones. No los años que me robaron. Sino el amor que se negó a morir. La fe que se negó a quebrarse. La verdad que se negó a desaparecer. La historia que se negó a terminar.

Mi historia no termina aquí.

Empieza de nuevo en los corazones a los que alcanza.

Y esa es la última palabra.

Este libro no es solo un registro de lo que me ocurrió. Es el testimonio del amor de un padre. De un sistema quebrado. De la confusión de un niño. De la manipulación de una madre. De una década de mentiras. De un momento de verdad. De un colapso. De una reconstrucción. De una fe que nunca murió. De una esperanza que aún respira. Y mientras yo siga vivo, seguiré contando esta historia. No por amargura. No por rabia. Sino por un propósito. Porque alguien allá afuera necesita oírla. Alguien allá afuera necesita saber que no está solo. Alguien allá afuera necesita saber que, incluso en los momentos más oscuros, el amor sigue luchando. La fe sigue en pie. La verdad sigue alzándose. Y la esperanza sigue viva.

EL FRACASO SISTEMÁTICO DEL SISTEMA JUDICIAL DE FAMILIA:

POR QUÉ NO SIRVE AL INTERÉS SUPERIOR DEL NIÑO

1. **Introducción: Mi historia, nuestra realidad**
2. **El mito del "mejor interés"**
3. **Cómo el sistema les falla a los niños y a las familias** • Falta de comprensión de la alienación • Incentivos para el conflicto, no para la sanación • Resoluciones iguales para todos • La instrumentalización de las acusaciones • El borrado de padres amorosos
4. **Estadísticas y hechos: el impacto real**
5. **Testimonio personal: vivir el sistema en carne propia. El costo emocional para los niños**
6. **El costo emocional para los padres**
7. **Por qué el sistema se resiste al cambio**
8. **Cómo sería una verdadera reforma**
9. **Un llamado a la acción: por mis hijas, por cada niño**
10. **Conclusión: la verdad que sobrevive**

1. Introducción

Mi historia, nuestra realidad

La historia que he contado hasta ahora no es solo mía. Es la historia de miles, quizá millones, de padres e hijos a quienes les ha fallado un sistema que afirma proteger a las familias, pero con demasiada frecuencia las destruye. Durante años, creí que el tribunal de familia era un lugar donde la verdad saldría a la luz, donde se haría justicia, donde el interés superior de mis hijas guiaría cada decisión. Creí que, si me presentaba, decía la verdad y amaba a mis hijas con fiereza, el sistema me vería. Las vería a ellas. Vería el vínculo que nunca debió romperse.

Pero me equivocaba.

En cambio, lo que encontré fue un sistema construido sobre papeleo, no sobre personas. Un sistema que escuchaba la voz más alta, no la más verdadera. Un sistema que recompensaba el conflicto, no la cooperación. Un sistema que permitía que las mentiras moldearan el futuro de los niños, mientras la verdad esperaba en silencio en un rincón. Encontré un sistema que no conocía a mis hijas, no me conocía a mí, no le importaban los años que perdimos ni el dolor que cargábamos. Encontré un sistema que nos falló.

Y no estoy solo.

Recuerdo la primera vez que entré en una sala de un tribunal de familia. Estaba nervioso, pero también esperanzado. Creía que el juez vería la verdad. Creía que a los abogados les importaría lo que fuera mejor para mis hijas. Creía que el proceso sería imparcial, que el resultado sería justo, que el dolor sería temporal. Creía que el sistema estaba hecho para ayudar a las familias a sanar, no para desgarrarlas.

Pero, a medida que los meses se convertían en años, a medida que las audiencias se multiplicaban, a medida que las acusaciones se acumulaban, a medida que la distancia entre mis hijas y yo se hacía cada vez mayor, empecé a ver la verdad. El sistema no estaba hecho para sanar. Estaba hecho para tramitar. Estaba hecho para despachar casos, para marcar casillas, para emitir resoluciones que se veían bien en el papel, pero fracasaban en la vida real. Estaba hecho para favorecer al progenitor que controlaba la narrativa, no al progenitor que decía la verdad. Estaba hecho para recompensar el conflicto, no la cooperación. Estaba hecho para protegerse a sí mismo, no a los niños a los que decía servir.

He vivido cada uno de los fracasos descritos en este libro. He visto cómo trasladaban a mis hijas de un estado a otro sin mi consentimiento. Me he sentado en salas de tribunal donde mi voz era ahogada por acusaciones que nunca se probaron. Me han llamado con nombres que no me correspondían. He sido borrado de la vida de mis hijas por un sistema que afirmaba actuar en su interés superior. He interpuesto peticiones, he asistido a audiencias, he presentado pruebas y he contado mi historia una y otra vez, solo para encontrarme con indiferencia, burocracia y silencio.

He visto a mis hijas luchar con confusión, miedo y conflictos de lealtades que ningún niño debería tener que afrontar jamás. He visto el costo emocional en sus rostros, lo he oído en sus voces, lo he sentido en la distancia que crecía entre nosotros. He vivido con el dolor de saber que el sistema no solo me falló a mí; les falló a ellas.

Pero mi historia no es única. Es la historia de padres en todo el país, en todo el mundo, que han sido borrados de la vida de sus hijos por un sistema que afirma actuar en el interés superior del niño. Es la historia de niños a quienes se les ha enseñado a temer, desconfiar u olvidar al progenitor que más los ama. Es la historia de familias despedazadas por un proceso que valora el papeleo por encima de las personas, el procedimiento por encima de la sanación, la narrativa por encima de la verdad.

Esta no es solo mi historia. Es nuestra realidad.

2. El mito del "mejor interés"

La expresión "interés superior del niño" se repite tan a menudo en las salas de los tribunales de familia que se convierte en una especie de letanía, un escudo para cada decisión, una justificación para cada resolución. La pronuncian los jueces. La pronuncian los abogados. La pronuncian los trabajadores sociales. La pronuncian los padres. Pero ¿qué significa realmente?

En teoría, significa que cada decisión debería priorizar la seguridad, la estabilidad y el bienestar del niño. En la práctica, significa lo que el sistema quiera que signifique. Es una frase tan vaga, tan flexible, tan abierta a la interpretación, que puede retorcerse para ajustarse a cualquier narrativa, cualquier acusación, cualquier agenda. Es una frase que se ha usado para justificar el apartamiento de padres amorosos, la separación de hermanos, la reubicación de niños de una punta a otra del país, la negación de relaciones significativas y la perpetuación del conflicto.

Se supone que el estándar del "interés superior del niño" debe proteger a los niños. Pero con demasiada frecuencia, protege al sistema. Protege el statu quo. Protege al progenitor que controla la narrativa. Protege a los profesionales que quieren soluciones rápidas, no una sanación profunda. Protege el proceso, no a las personas.

He visto que el estándar del "interés superior del niño" se usa como arma. He visto que se usa para justificar decisiones que no tenían sentido, decisiones que hirieron a mis hijas, decisiones que me borraron de sus vidas. He visto que se usa para silenciar mi voz, para descartar mis pruebas, para ignorar mi dolor. He visto que se usa para proteger al progenitor dispuesto a luchar más duro, no al progenitor dispuesto a amar más.

Se supone que el estándar del "interés superior del niño" debe girar en torno a los niños. Pero con demasiada frecuencia, se trata de poder. Se trata de control. Se trata de ganar. Se trata de hacer el proceso más fácil para el sistema, no mejor para la familia.

Estadísticas y hechos

El impacto real de las fallas del tribunal de familia

1. La magnitud de la intervención de los tribunales de familia

Los tribunales de familia en Estados Unidos tramitan millones de casos cada año. Según el Centro Nacional de Tribunales Estatales, se presentan anualmente más de **1,3 millones de nuevos casos de relaciones domésticas**, incluidos divorcio, custodia y disputas sobre visitas. A nivel mundial, las cifras son aún mayores, con países como el Reino Unido, Canadá y

Australia que reportan decenas de miles de casos de custodia cada año.

Mi experiencia es solo una entre millones. Cada cifra de estas estadísticas representa a una familia, a un niño, a un progenitor; cada uno con una historia de esperanza, desgarro y, con demasiada frecuencia, desilusión.

2. Resultados de custodia y acceso de los progenitores

La Oficina del Censo de Estados Unidos informa que **más de 22 millones de niños** viven en hogares monoparentales. En más del

80% de estos casos, la madre es quien tiene la custodia. A los padres se les otorga la custodia exclusiva solo en aproximadamente el **8– 10%** de los casos, y los acuerdos de custodia compartida siguen siendo poco frecuentes, a pesar de las investigaciones que muestran que los niños se benefician de relaciones significativas con ambos padres.

Un estudio de 2014 de la Organización Nacional de Padres encontró que **solo 17 estados recibieron una calificación de C o superior** por apoyar la crianza compartida. La mayoría de los estados todavía recurren por defecto, a la custodia exclusiva, a menudo basándose en supuestos anticuados sobre los roles parentales.

Para mí, esto significó luchar cuesta arriba por cada hora con mis hijas. El sistema no estaba diseñado para mantener involucrados a ambos padres; estaba diseñado para elegir un ganador y un perdedor.

3. El impacto de la alienación parental

La alienación parental—cuando un progenitor manipula a un niño para que rechace al otro progenitor—es reconocida por la Asociación Estadounidense de Psicología como una forma de abuso emocional. Sin embargo, los tribunales de familia rara vez la abordan de forma directa.

- Un estudio de 2016 publicado en el *Journal of Divorce & Remarriage* encontró que **más del 25% de los niños en casos de custodia de alto conflicto experimentan alguna forma de alienación parental**.
- Los niños alienados de uno de sus padres corren un mayor riesgo de **depresión, ansiedad, abuso de sustancias, dificultades académicas y problemas para formar relaciones sanas** más adelante en la vida.
- La Dra. Amy Baker, una de las principales investigadoras sobre alienación parental, descubrió que **el 80% de los adultos que experimentaron alienación en la infancia reportaron daño psicológico a largo plazo**.

Vi estos efectos en mis propias hijas. La confusión, los conflictos de lealtades, la ansiedad: no eran solo estadísticas. Eran la realidad en mi hogar.

4. El costo emocional en los niños

Los niños atrapados en batallas de custodia y alienación sufren profundamente:

- La Academia Estadounidense de Pediatría informa que **los niños expuestos a un divorcio de alto conflicto tienen el doble de probabilidades de desarrollar problemas emocionales y conductuales**.
- Un metaanálisis de 2019 encontró que **los niños que pierden un contacto significativo con uno de sus padres corren un mayor riesgo de depresión, baja autoestima y problemas de confianza**.
- Los Centros para el Control y la Prevención de Enfermedades (CDC) señalan que **los niños de hogares monoparentales tienen más probabilidades de experimentar pobreza, dificultades académicas y problemas de salud**.

Estas cifras no son solo académicas: son experiencia vivida. Vi a mis hijas luchar con ansiedad, tristeza y una confusión que ningún niño debería tener que soportar.

5. El costo emocional en los padres

Los progenitores alienados enfrentan un tipo único de duelo:

- Una encuesta de 2021 de la Organización Nacional de Padres encontró que **más del 70% de los**

progenitores alienados reportaron síntomas de depresión y ansiedad.
- La tasa de suicidio entre los padres divorciados es **tres veces mayor** que entre los padres casados, según un estudio de 2018 publicado en el *American Journal of Psychiatry*.
- Los progenitores alienados a menudo experimentan **aislamiento social, dificultades económicas y pérdida de identidad**.

Yo viví este dolor. El silencio, la distancia, la sensación de ser borrado: era un duelo que se renovaba cada día.

6. El fracaso de los fallos del "interés superior"

A pesar del estándar del "interés superior del niño", las investigaciones muestran que los tribunales de familia a menudo no logran proteger el bienestar de los niños:

- Una revisión de 2017 encontró que **los jueces dedican un promedio de apenas 20 minutos a revisar los casos de custodia antes de dictar sus fallos**.
- En una encuesta de litigantes del tribunal de familia, **más del 60 % consideró que el sistema estaba sesgado, era ineficiente y no protegía el interés superior de sus hijos**.
- El Informe de Calificación de Crianza Compartida de la Organización Nacional de Padres otorgó a **la mayoría de los estados una calificación de C o inferior**, citando la falta de apoyo a la crianza

compartida y una tendencia a favorecer a uno de los progenitores sobre el otro.

Para mi familia, el estándar del "interés superior" era un eslogan, no una salvaguarda. El tribunal no conocía a mis hijas, no me conocía a mí, no veía el daño que se estaba causando.

7. El costo de las batallas en el tribunal de familia

El tribunal de familia es costoso, tanto emocional como financieramente.

- El costo promedio de una batalla por la custodia en Estados Unidos es de **$15,000–$30,000**, pero los casos complejos pueden superar los **$100,000**.
- Un estudio de 2020 encontró que **más del 40 por ciento de los progenitores en disputas de custodia agotaron sus ahorros o se endeudaron** para pagar los honorarios legales.
- La presión financiera a menudo conduce a **inestabilidad habitacional, pérdida de empleo y dificultades a largo plazo.**

Pasé años luchando por mis hijas, agotando recursos que podrían haberse destinado a su futuro. El sistema no solo me costó tiempo; me costó estabilidad.

8. La perspectiva global

Los fracasos del tribunal de familia no son exclusivos de Estados Unidos.

- En el Reino Unido, un informe de 2019 del Ministerio de Justicia encontró que **más del 60 % de los progenitores consideró que el sistema de tribunales de familia era contencioso y perjudicial para los niños.**
- En Australia, una investigación parlamentaria de 2021 concluyó que **los tribunales de familia a menudo no protegían a los niños del abuso emocional y la alienación parental.**
- En Canadá, un estudio de 2018 encontró que **la crianza compartida se otorgaba en menos del 30 % de los casos**, a pesar de la evidencia de sus beneficios.

No importa dónde vivas, el sistema está roto. Las historias son las mismas: niños perdiendo a sus progenitores, progenitores perdiendo la esperanza, familias perdiendo años.

9. Las consecuencias a largo plazo

El impacto de los fracasos del tribunal de familia dura toda la vida:

- Los adultos que fueron alienados de uno de sus progenitores en la infancia presentan **tasas más**

altas de depresión, abuso de sustancias y problemas en sus relaciones.
- Un estudio de 2015 encontró que **los niños que perdieron el contacto con uno de sus progenitores tenían el doble de probabilidades de experimentar el divorcio en su propia vida.**
- El ciclo de alienación y conflicto a menudo se repite de generación en generación.

Me preocupa el futuro de mis hijas. Me preocupan las cicatrices que cargan, las relaciones que les costará construir, la confianza que quizá nunca recuperen por completo.

10. La necesidad de una reforma

Las estadísticas son claras. Los hechos son innegables. El sistema les está fallando a los niños y a las familias.

- La crianza compartida conduce a **mejores resultados para los niños**, y sin embargo la mayoría de los tribunales sigue recurriendo por defecto a la custodia exclusiva.
- La alienación parental es abuso emocional, y sin embargo rara vez se aborda o se trata.
- El costo financiero y emocional del tribunal de familia es abrumador, y sin embargo se hace poco para que el proceso sea más humano o eficaz.

Mi historia es una prueba. Los números son una prueba. Las voces de millones son una prueba. El sistema de tribunales de familia debe cambiar.

Conectando los números con vidas reales

Cada estadística de esta sección es una vida, un niño, un progenitor, una familia. Cada número es una historia de esperanza, desgarro y, demasiado a menudo, decepción. El sistema no solo está fallando en teoría. Está fallando en la práctica. Está fallando en los hogares, en los corazones, en cada futuro.

Si estás leyendo esto y te ves reflejado en estos números, debes saber que no estás solo. Debes saber que tu dolor es real, que tu historia importa y que el cambio es posible. Las estadísticas no son solo números; son un llamado a la acción.

Alienación parental: un análisis más profundo

¿Qué es la alienación parental?

La alienación parental es un proceso, a menudo sutil, a veces manifiesto, en el que uno de los progenitores (el "progenitor alienador") manipula a un niño para que rechace, tema o se distancie del otro progenitor (el "progenitor objetivo"), sin una justificación legítima. Esto no se trata de proteger a un niño de un abuso o una negligencia reales. Se trata de usar al niño como arma en un conflicto, a menudo para castigar o borrar al otro progenitor.

La alienación puede adoptar muchas formas:

- **Denigración directa:** El progenitor alienador le dice al niño cosas negativas sobre el otro progenitor (papá no te quiere", "Tu mamá es peligrosa", "Estás mejor sin esa persona

- **Socavamiento sutil:** El progenitor alienador pone los ojos en blanco, suspira o hace gestos cuando se menciona al otro progenitor, u "olvida" hacer llegar mensajes o regalos.
- **Forzar la lealtad:** Se hace que el niño se sienta culpable por amar o extrañar al otro progenitor, o se le recompensa por rechazarlo.
- **Falsas acusaciones:** El progenitor alienador puede presentar denuncias falsas de abuso, negligencia o inestabilidad ante las autoridades, las escuelas o el tribunal.

En mi propia vida, vi cómo se desplegaban estas tácticas. Vi cómo mis hijas empezaron a repetir palabras que no eran suyas, a cuestionar recuerdos que antes estaban a salvo, a alejarse no por algo que yo hubiera hecho, sino por lo que les habían dicho o les habían hecho sentir.

Los mecanismos psicológicos

La alienación parental no es solo un "mal divorcio". Es una forma de manipulación psicológica y abuso emocional. Expertos de primer nivel, como la Dra. Amy J. L. Baker y el Dr. Richard Warshak, han descrito cómo funciona la alienación en la mente de un niño:

- **Escisión:** Se le enseña al niño a ver a uno de sus padres como totalmente bueno y al otro como totalmente malo, sin espacio para los matices ni la complejidad.

- **Ansiedad inducida:** Se hace que el niño se sienta inseguro o desleal si expresa amor o afecto por el progenitor objeto de la alienación.
- **Confabulación:** Con el tiempo, el niño puede llegar a creer recuerdos o narrativas falsas, recordando de verdad hechos que nunca ocurrieron o atribuyendo mal la culpa.
- **Inversión de roles:** Se puede hacer que el niño sienta que es responsable de las emociones del progenitor alienador, convirtiéndose en cuidador o confidente en lugar de que se le permita ser niño.

La alienación no es una fase. No es un malentendido. Es un trauma. Y deja cicatrices que pueden durar toda la vida.

El impacto en los niños

La investigación es clara y aleccionadora:

- **Daño psicológico a largo plazo:** Los estudios de la Dra. Baker hallaron que **el 80 % de los adultos que experimentaron alienación parental en la infancia reportaron depresión, ansiedad, abuso de sustancias y dificultad para formar relaciones saludables.**
- **Confusión de identidad:** Los niños alienados suelen luchar con la autoestima, la confianza y el sentido de quiénes son, porque se les ha obligado a rechazar la mitad de su propia identidad.
- **Culpa y vergüenza:** Muchos niños alienados, ya adultos, reportan sentir una profunda culpa por

haber rechazado a un padre amoroso, aunque fueron manipulados para hacerlo.
- **Dificultades de apego:** Los niños alienados tienen más probabilidades de tener problemas para confiar en los demás, formar relaciones cercanas y mantener la estabilidad emocional.

Un metaanálisis de 2019 publicado en el *Journal of Child Custody* concluyó que **los niños alienados de uno de sus padres corren un riesgo significativamente mayor de depresión, ansiedad y problemas de conducta** que los niños que mantienen relaciones con ambos padres, incluso en divorcios de alto conflicto.

Vi estos efectos en mis propias hijas: la confusión, el retraimiento, la ira que no correspondía con nuestra historia. Vi cómo les costaba confiar, expresar emoción, sentirse seguras en su propio corazón.

El impacto en los padres objeto de alienación

La alienación es un tipo único de duelo. No es el duelo por la muerte, sino el duelo de ser borrado de la vida de alguien a quien amas más que a ti mismo. Es un duelo que no termina, un duelo que se renueva cada día por el silencio, por la distancia, por saber que a tu hijo le están enseñando a olvidarte.

- **Crisis de salud mental:** Los estudios muestran que **más del 70 % de los progenitores alienados experimentan síntomas de depresión y ansiedad**. La tasa de suicidio entre los padres alienados es tres veces mayor que entre los padres casados.

- **Aislamiento social:** Los padres alienados a menudo pierden amigos, redes de apoyo e incluso a la familia extendida mientras el progenitor alienador difunde su narrativa.
- **Devastación financiera:** El costo de combatir la alienación en los tribunales puede ser ruinoso, y muchos padres agotan sus ahorros, pierden sus hogares o se endeudan.
- **Pérdida de identidad:** Para muchos, ser padre o madre es central en su sentido de sí mismos. La alienación no es solo la pérdida de una relación; es la pérdida de una parte esencial de quien eres.

Viví este dolor. El silencio, la distancia, la sensación de ser borrado: era un duelo que se renovaba cada día.

Por qué los tribunales de familia fracasan al abordar la alienación

A pesar de décadas de investigación, la mayoría de los tribunales de familia están mal preparados para reconocer, prevenir o remediar la alienación parental. ¿Por qué?

- **Falta de formación:** Los jueces, abogados y trabajadores sociales, a menudo carecen de educación sobre las señales y consecuencias de la alienación.
- **Sesgos y estereotipos:** Los tribunales pueden caer en supuestos anticuados (p. ej., "Los niños siempre

están mejor con su madre", "Si un niño rechaza a un padre, debe haber una razón").

- **Renuencia a intervenir:** Los tribunales a menudo dudan en cambiar la custodia o exigir responsabilidades a un progenitor alienador, por temor a que eso "traumatice" aún más al niño.
- **Dependencia excesiva de los "deseos del niño":** A los niños alienados se les puede preguntar con quién quieren vivir, sin que el tribunal comprenda que sus preferencias han sido moldeadas por la manipulación.
- **Falta de cumplimiento de las órdenes:** Incluso cuando los tribunales reconocen la alienación, rara vez hacen cumplir medidas como la terapia de reunificación, las sanciones o los cambios en la custodia.

En mi caso, el tribunal escuchó las acusaciones, vio la distancia y eligió el camino de menor resistencia. No vieron la manipulación. No vieron el abuso emocional. No vieron el lento borrado de un padre amoroso.

El costo para la sociedad

La alienación parental no es solo una tragedia privada. Es una crisis de salud pública.

- **Trauma generacional:** Los niños alienados tienen más probabilidades de repetir el ciclo en sus propias relaciones y familias.
- **Costo económico:** La carga financiera de las

batallas judiciales, la terapia, la pérdida de productividad y los servicios sociales es inmensa.

- **Potencial perdido:** Los niños que crecen sin el amor y la guía de ambos padres tienen menos probabilidades de prosperar, tener éxito y contribuir positivamente a la sociedad.

Lo que funciona: prevención y sanación

La investigación y la experiencia vivida apuntan a soluciones que funcionan:

- **Intervención temprana:** Cuanto antes se identifique y se aborde la alienación, mejores serán los resultados para los niños y los padres.
- **Educación y capacitación:** Los jueces, abogados y trabajadores sociales deben recibir formación para reconocer y responder a la alienación.
- **Enfoques terapéuticos:** La terapia de reunificación, el asesoramiento familiar y los grupos de apoyo pueden ayudar a reconstruir la confianza y sanar las heridas.
- **Cumplimiento:** Los tribunales deben estar dispuestos a hacer cumplir las órdenes, exigir responsabilidades a los progenitores alienadores y priorizar el derecho del niño a contar con ambos padres.
- **Crianza compartida:** Los estudios muestran que a los niños les va mejor cuando mantienen relaciones significativas con ambos padres, incluso en situaciones de alto conflicto.

Mi esperanza

La alienación parental casi destruyó a mi familia. Me robó años que nunca podré recuperar. Hirió a mis hijas de maneras que todavía intento comprender. Pero me niego a dejar que defina nuestra historia. Me niego a dejar que tenga la última palabra.

Al decir la verdad, al compartir los hechos, al conectar la investigación con vidas reales, espero arrojar luz sobre una crisis que demasiados todavía niegan o ignoran. Espero dar voz a los padres y a los niños que aún siguen luchando, aún siguen esperando, aún siguen con esperanza de sanar.

La alienación parental es real. Es devastadora. Pero no es inevitable. Con conciencia, con valentía, con reforma, podemos hacerlo mejor para nuestros hijos, para nuestras familias, para el futuro.

Caso de estudio 1: La desaparición gradual

Antecedentes:

Un padre en Texas, "John", tenía la custodia compartida de sus dos hijos después del divorcio. Durante los dos primeros años, el acuerdo funcionó. Pero, a medida que los niños crecían, su madre empezó a hacer comentarios negativos sobre John delante de ellos. Cuestionaba su manera de criar, insinuaba que era peligroso y disuadía a los niños de llamarlo "papá".

Progresión:

- Los niños empezaron a negarse a visitarlo, alegando temores vagos.
- La madre "olvidaba" informar a John sobre eventos escolares y citas médicas.
- Les decía a los niños: "Si no quieren ir, no tienen que ir", socavando la orden judicial.
- Con el tiempo, los niños dejaron de responder las llamadas y los mensajes de texto de John.

Resultado:

A pesar de las reiteradas peticiones de John al tribunal, el juez dio prioridad a los "deseos" de los niños, sin reconocer la manipulación. El contacto de John se redujo hasta desaparecer. Años después, ya adultos, ambos hijos expresaron arrepentimiento y confusión, al darse cuenta de que habían sido influenciados para rechazar a su padre.

Análisis:

Este caso refleja la experiencia de muchos padres objeto de alienación: la alienación es gradual, sutil y, a menudo, invisible para quienes la observan desde fuera. La dependencia del tribunal de la "preferencia del niño", sin comprender el contexto, permite que la alienación tenga éxito.

Caso de estudio 2: Las falsas acusaciones como arma

Antecedentes:

En California, "Maria" era una madre entregada con un historial de participación positiva en la vida de su hijo. Después de que su exmarido volvió a casarse, él comenzó una campaña para obtener la custodia exclusiva, alegando que Maria era emocionalmente inestable y abusiva.

Progresión:

- El padre presentó múltiples denuncias ante Servicios de Protección Infantil (CPS), todas las cuales resultaron infundadas.
- Aleccionó a su hijo para que dijera que le tenía "miedo" a Maria.
- El comportamiento del niño cambió; se volvió retraído y ansioso durante las visitas con Maria.

Resultado:

A pesar de la falta de pruebas, el tribunal restringió el acceso de Maria, citando "preocupaciones" por la seguridad emocional del niño. Maria pasó años y gastó los ahorros de toda su vida luchando por reconstruir su relación. El hijo, ahora adulto, tiene un contacto limitado con ambos padres y lucha con problemas de confianza y depresión.

Análisis:

Este caso pone de relieve cómo las falsas acusaciones, independientemente de las pruebas, pueden usarse como arma en el tribunal de familia. El sesgo del sistema a favor de "pecar por exceso de cautela" suele castigar al progenitor señalado y perjudicar al niño.

Caso de estudio 3: La reubicación internacional

Antecedentes:

Un padre canadiense, "David", tenía la custodia compartida de su hija. Después de un divorcio conflictivo, su exesposa recibió permiso del tribunal para reubicarse en Europa, alegando una oportunidad laboral y una "vida mejor" para su hija.

Progresión:

- David pasó de tener tiempo con su hija a solo unas pocas semanas al año.
- La madre comenzó a decirle a su hija que David la había "abandonado" y que "no le importó lo suficiente como para seguirlas".
- Con el tiempo, la hija dejó de responder a los correos electrónicos y las llamadas de David.

Resultado:

Los intentos de David por hacer cumplir la orden judicial a nivel internacional no tuvieron éxito. La hija, ahora ya en la veintena, ha retomado el contacto con David, pero describe años de confusión, culpa y una sensación de pérdida por la relación de la que fue privada.

Análisis:

Este caso demuestra cómo la reubicación puede utilizarse como herramienta de alienación, y cómo los tribunales a menudo priorizan los deseos del "progenitor que se muda" por encima de la necesidad del niño de tener a ambos padres. Las secuelas emocionales pueden durar toda la vida.

Caso de estudio 4: La división entre hermanos

Antecedentes:

En el Reino Unido, "Sophie" y "Ben" eran hermanos atrapados en un divorcio de alto conflicto. A su madre se le otorgó la custodia principal, y su padre tenía un régimen regular de visitas.

Progresión:

- La madre alentó a Sophie a rechazar a su padre, mientras Ben mantuvo una relación con él.
- Sophie empezó a negarse a las visitas, diciendo que "no se sentía cómoda".

- La madre elogiaba a Sophie por su "independencia" y criticaba a Ben por "traicionarla" al ver a su padre.

Resultado:

Los hermanos se distanciaron. Sophie, ya adulta, expresó enojo hacia su madre por "robarle" la relación con su padre. Ben luchó con la culpa de ser el hijo "favorecido".

Análisis:

La alienación puede dividir a los hermanos, creando fracturas a largo plazo y cicatrices emocionales. La falta de intervención del tribunal perpetuó el daño.

Caso de estudio 5: La reunificación

Antecedentes:

En Australia, "Liam" sufrió alienación respecto de su hijo después de que su expareja hiciera repetidas acusaciones de abuso. El tribunal inicialmente restringió el acceso de Liam, pero, tras una investigación exhaustiva, se determinó que las acusaciones eran falsas.

Progresión:

- El tribunal ordenó terapia de reunificación.
- El niño, al principio reacio, recuperó gradualmente la confianza en Liam.

- Se exigió a la madre participar en asesoramiento y dejar de hacer comentarios negativos.

Resultado:

Con el tiempo, la relación se restableció. El hijo ahora disfruta de una relación sana con ambos padres. El proceso fue largo, costoso y emocionalmente agotador, pero la intervención funcionó.

Análisis:

Este caso muestra que, con reconocimiento, intervención y cumplimiento adecuados, la alienación puede revertirse. También destaca la importancia de la terapia ordenada por el tribunal y de la rendición de cuentas.

El costo emocional para los niños

La alienación no es solo un concepto jurídico o académico. Es una herida que vive en el corazón de un niño. Yo la he visto en mis propias hijas: la confusión en sus ojos, la vacilación en sus voces, la manera en que se apartaban de mí, no por algo que yo hubiera hecho, sino por lo que les habían dicho, por lo que les habían hecho sentir.

Los niños no nacen con odio ni con miedo hacia uno de sus padres. Eso se enseña. Eso se planta. Eso se riega, día tras día, con palabras, con silencio, con las señales sutiles y no tan sutiles de que a uno de los padres hay que amarlo y al otro hay que ponerlo en duda, desconfiar de él o incluso temerle.

La investigación es clara, pero no hace falta un estudio para ver el dolor. Se ve en la forma en que la risa de un niño se apaga cuando habla del "otro" progenitor. Se ve en la forma en que busca aprobación antes de mencionar un recuerdo feliz. Se ve en la forma en que se encoge, se disculpa o se enfada por razones que no puede explicar.

- **Ansiedad y depresión:** Los niños alienados tienen más probabilidades de sufrir ansiedad, depresión y baja autoestima. Cargan un peso que no les corresponde llevar.
- **Crisis de identidad:** Cuando a un niño se le enseña a rechazar a uno de sus padres, se le enseña a rechazar una parte de sí mismo. Crece preguntándose: "Si mi papá es tan malo, ¿qué dice eso de mí?".
- **Dificultades en las relaciones:** Las heridas de la alienación no sanan fácilmente. Aparecen en las amistades, en las relaciones amorosas y en la forma en que un niño aprende a confiar o a no confiar en el mundo.

He visto a mis hijas luchar con estas preguntas. He visto el dolor en sus ojos cuando querían buscarme, pero tenían miedo de traicionar a alguien más. He oído la incertidumbre en sus voces cuando preguntaban: "¿Por qué no luchaste más?"—sin saber cuánto luché, cuántas noches me quedé despierto, cuántas millas conduje, cuántas plegarias susurré.

La alienación no se trata solo de perder tiempo. Se trata de perder la oportunidad de ser un lugar seguro para tu hijo. Se trata de ver a tu hijo cargar cicatrices que nunca debieron ser suyas.

El costo emocional para los padres

Hay un duelo que acompaña a la alienación y que es difícil de describir a quien no lo ha vivido. No es el duelo de la muerte, sino el duelo de la ausencia. Es el duelo de ser borrado de la vida de alguien a quien amas más que a ti mismo. Es el duelo de seguir vivo para tu hijo, pero invisible ante sus ojos.

- **Pena crónica:** Cada cumpleaños, cada día festivo, cada día cualquiera es un recordatorio de lo que falta. El silencio es ensordecedor. La ausencia pesa.
- **Aislamiento:** Los padres alienados suelen perder amigos, redes de apoyo e incluso a la familia extensa. La gente no sabe qué decir, o cree la narrativa que ha escuchado.
- **Salud mental:** Las tasas de depresión, ansiedad e incluso suicidio son más altas entre los padres alienados. El dolor no es solo emocional; es físico, espiritual, existencial.
- **Pérdida de identidad:** Para muchos de nosotros, ser padres no es solo un papel; es quienes somos. La alienación no es solo la pérdida de una relación. Es la pérdida de una parte de nosotros mismos.

He vivido este dolor. He sentido el dolor sordo en el pecho cuando veo a un padre y a su hija riendo en un parque. He sentido la punzada cuando alguien pregunta: "¿Cómo están tus hijas?" y no sé cómo responder. He sentido el vacío de las habitaciones que antes estaban llenas de risas y vida.

Pero también he aprendido que el duelo no es el final de la historia. Es un capítulo. Es una estación. Es un lugar por el que he pasado, pero no un lugar donde viviré para siempre. He aprendido a llevar el dolor, pero también he aprendido a llevar la esperanza.

Cómo sería una verdadera reforma

Sueño con un sistema que ponga a los niños en primer lugar, no en palabras, sino en hechos: un sistema que reconozca la realidad de la alienación, que valore la sanación por encima del triunfo, que vea a los padres como aliados, no como adversarios.

- **Educación y formación:** Los jueces, abogados y trabajadores sociales deben recibir formación para reconocer y responder a la alienación y al abuso emocional.
- **Intervención temprana:** Cuanto antes se identifique la alienación, mejores serán los resultados. Los tribunales deben actuar con rapidez, no esperar hasta que el daño esté hecho.
- **Crianza compartida:** A menos que haya pruebas claras de peligro, los niños necesitan a ambos padres. La presunción debería ser la crianza compartida, no la custodia exclusiva.
- **Apoyo terapéutico:** Las familias necesitan acceso a terapia de reunificación, orientación y apoyo, no solo litigios y castigo.
- **Rendición de cuentas:** Los tribunales deben hacer cumplir las órdenes, exigir responsabilidades a los padres alienadores y priorizar el derecho del niño a amar y ser amado por ambos padres.

- **Transparencia y supervisión:** El proceso debe ser abierto, con rendición de cuentas y centrado en el bienestar a largo plazo, no en soluciones a corto plazo.

No quiero venganza. No quiero ganar. Quiero sanación. Quiero que mis hijas conozcan la verdad. Quiero que sean libres de la carga del dolor ajeno. Quiero que sepan que el amor es más fuerte que las mentiras.

Un llamado a la acción: por mis hijas, por cada niño

Escribo esto no solo por mí mismo, sino por cada padre, madre y niño a quienes el sistema les ha fallado. Lo escribo por mis hijas, que merecen conocer la verdad, que merecen sanar, que merecen tener a ambos padres en sus vidas. Lo escribo por los padres y madres que esperan, mantienen la esperanza y rezan por una oportunidad de ser vistos. Lo escribo por los profesionales que tienen el poder de cambiar el sistema, si tan solo escucharan.

El sistema de tribunales de familia debe cambiar. Debe poner a los niños en primer lugar. Debe reconocer el daño que ha causado. Debe escuchar las voces de quienes han sobrevivido a sus fracasos. Debe convertirse en un lugar de sanación, no solo en un lugar de papeleo.

La verdad que sobrevive

La verdad es esta: El sistema de tribunales de familia me falló. Les falló a mis hijas. Les falló a miles de familias que confiaron en él para que las protegiera. Pero la verdad también sobrevive. Sobrevive en el amor que perdura. Sobrevive en la esperanza que se niega a morir. Sobrevive en las historias que contamos, en las reformas que exigimos, en las vidas que reconstruimos.

Si estás leyendo esto y el sistema te ha herido, debes saber que no estás solo. Debes saber que tu amor importa. Debes saber que tu verdad importa. Debes saber que el cambio es posible, aunque sea lento. Debes saber que el interés superior del niño no es solo una frase; es una promesa que debemos luchar por preservar.

Cómo el sistema falla a los niños y a las familias

Falta de comprensión de la alienación

Los tribunales de familia no están equipados para reconocer los efectos lentos y corrosivos de la alienación parental. Los jueces y los profesionales suelen tomar el rechazo de un niño hacia uno de sus padres como una consecuencia natural del divorcio o, peor aún, como prueba de que el progenitor señalado no es apto. Rara vez hacen las preguntas difíciles: ¿Quién le enseñó a este niño a tener miedo?

¿Quién se beneficia de esta distancia? ¿Quién está moldeando la narrativa?

En mi propio caso, el tribunal vio la vacilación y el retraimiento de mis hijas y supuso que yo debía haber hecho algo malo. No vio los años de manipulación sutil, la campaña silenciosa para borrarme de sus corazones. No vio cómo mis hijas luchaban por reconciliar sus recuerdos de amor con las historias que les contaban. No vio el dolor detrás de su ira, la confusión detrás de su silencio.

La alienación es abuso emocional. No es una fase. No es un malentendido. Es una herida que moldea el futuro de un niño. Sin embargo, la mayoría de los tribunales la tratan como un asunto menor o, peor aún, la ignoran por completo.

Incentivos para el conflicto, no para la sanación

El sistema de tribunales de familia está construido para procesar casos, no para sanar familias. A los abogados se les recompensa por escalar el conflicto, no por resolverlo. Cuanto más largo es el conflicto, más altos son los honorarios, más papeleo, más audiencias. Se incentiva a los progenitores a pelear, a ganar, a "demostrar" su valía, en lugar de cooperar por el bien de sus hijos.

Lo vi de primera mano. Cada vez que intentaba bajar la tensión, sugerir mediación, centrarme en la sanación, me decían que "peleara con más fuerza". El sistema no quería paz. Quería un ganador y un perdedor. Quería drama, no diálogo.

Quería pruebas, no empatía.

Los niños pagan el precio de este conflicto. Quedan atrapados en el fuego cruzado, obligados a elegir un bando, obligados a cargar con el peso del dolor de los adultos. El sistema recompensa al progenitor dispuesto a ir a la guerra, no al progenitor dispuesto a perdonar.

Fallos estandarizados

Los fallos de los tribunales de familia a menudo se basan en plantillas, no en las necesidades únicas de cada niño y de cada familia. Los jueces tienen tiempo limitado, información limitada y una comprensión limitada de las dinámicas en juego. Se apoyan en estereotipos, suposiciones y creencias anticuadas sobre los roles parentales. Dictan fallos que se ajustan al calendario, no al niño. Crean planes de crianza que se ven bien en el papel, pero fracasan en la vida real.

En mi caso, el tribunal emitió un plan de crianza "estándar": cien días al año, los días festivos repartidos, llamadas permitidas. Pero la realidad era mucho más complicada. A mis hijas las trasladaron de un estado a otro, sus vidas fueron arrancadas de raíz, sus rutinas quedaron hechas pedazos. El plan no tenía en cuenta la distancia emocional, la manipulación, la pérdida de confianza. No tenía en cuenta el hecho de que el corazón de un niño no puede programarse.

Las acusaciones como arma

En el tribunal de familia, una acusación puede pesar más que la verdad. Una sola acusación de abuso, negligencia o inestabilidad puede cambiar el curso de la vida de un niño, aunque nunca se pruebe. El sistema está construido para inclinarse por la cautela, pero la cautela a menudo significa creer lo peor, no investigar los hechos. Las acusaciones se convierten en pruebas. La duda se convierte en realidad. El progenitor acusado se convierte en el villano, incluso cuando las pruebas son escasas o inexistentes.

Me acusaron de cosas que nunca hice. Me pintaron como inestable, como indiferente, como peligroso. El tribunal no pidió pruebas. No investigó. Simplemente actuó "en el interés superior del niño", lo que significó restringir mi contacto con ellas, cuestionar mis motivos, poner en duda mi amor.

Las falsas acusaciones son un arma poderosa en el tribunal

de familia. Son fáciles de formular, difíciles de refutar y devastadoras en sus efectos. El sistema rara vez responsabiliza a quien acusa, incluso cuando sale a la luz la verdad.

El borrado de padres amorosos

El sistema permite que padres amorosos y entregados sean borrados de la vida de sus hijos. Permite que uno de los progenitores reubique a los niños al otro lado del país, rompiendo vínculos que tardaron años en construirse. Permite que se enseñe a los niños a temer, desconfiar u olvidar al progenitor que más los ama. Permite que la narrativa de un progenitor, se convierta en la realidad del niño, mientras el otro queda esperando, aferrado a la esperanza, rezando por una oportunidad de ser visto.

Fui borrado de la vida de mis hijas no por decisión propia, sino por un sistema que afirmaba protegerlas. Quedé reducido a un visitante, a un nombre en un calendario, a un recuerdo que se desvanecía con cada año que pasaba. El tribunal no vio el amor que di, los sacrificios que hice, el dolor que cargué. Vio papeleo. Vio acusaciones. Vio una historia más fácil de creer que la verdad.

Testimonio personal

Vivir dentro del sistema

Si quieres entender el fracaso del sistema de tribunales de familia, no necesitas mirar estadísticas ni leer manuales jurídicos. Solo necesitas escuchar las historias de los padres y los hijos que lo han vivido. Mi historia es solo una entre miles, pero es la única que conozco por dentro, la única que he sentido en los huesos, en mis noches sin sueño, en ese dolor que nunca acaba de irse.

Recuerdo la primera vez que entré en una sala de audiencias de un tribunal de familia, creyendo que la verdad importaría. Creía que, si hablaba con honestidad, si mostraba mi amor por mis hijas, si demostraba mi compromiso, el sistema me vería. Creía que el juez vería más allá del papeleo y vería al padre que nunca se había perdido un

cumpleaños, que había conducido toda la noche solo para estar allí en una obra escolar, que lo había sacrificado todo para seguir presente en la vida de sus hijas.

Pero el sistema no me vio. Vio un número de caso. Vio acusaciones. Vio una narrativa que había sido cuidadosamente construida por alguien que necesitaba ganar más de lo que necesitaba sanar. Vio papeleo, no personas. Vio conflicto, no niños. Vio una historia, que era más fácil de creer que la verdad.

Me senté en salas de audiencias donde mi voz quedaba ahogada por abogados que hablaban en términos que apenas entendía. Vi cómo la vida de mis hijas se reducía a horarios y firmas, como si el amor pudiera medirse en horas y días festivos. Escuché cómo se hacían acusaciones, acusaciones que nunca se probaron, pero siempre se creyeron. Vi cómo el sistema premiaba la escalada, no la empatía; cómo elegía el camino de menor resistencia, no el camino de la sanación.

He vivido el lento borrado de un padre. He visto cómo trasladaban a mis hijas de un estado a otro, cómo desarraigaban sus vidas, cómo hacían añicos sus rutinas. He sentido la punzada de que me llamaran "TJ" en lugar de "papá", el dolor de ver cómo mi lugar en sus vidas se encogía con cada año que pasaba. He enviado mensajes que quedaron sin respuesta, he hecho llamadas que nunca devolvieron, he esperado ante puertas que nunca se abrieron.

He luchado por cada hora, cada día festivo, cada llamada de teléfono. He gastado dinero que no tenía, tiempo que no podía dar, energía que no podía permitirme perder. He presentado peticiones, asistido a audiencias, presentado pruebas y contado mi historia una y otra vez, solo para encontrarme con indiferencia, burocracia y silencio.

Pero la parte más dura no fue lo que el sistema me hizo a mí. La parte más dura fue lo que les hizo a mis hijas. Las vi luchar con confusión, miedo y conflictos de lealtades que ningún niño debería tener que enfrentar jamás. Vi apagarse la luz de sus ojos, desvanecerse la confianza en sus voces, desaparecer la alegría de sus risas. Las vi cargar con el peso del dolor adulto, obligadas a tomar partido en una guerra que nunca comenzaron.

Hubo momentos de esperanza, pequeñas grietas en el muro, breves reencuentros, momentos de conexión que me recordaban lo que habíamos perdido y lo que aún podríamos recuperar. Pero esos momentos fueron escasos, y el sistema hizo poco para protegerlos. En cambio, pasó al siguiente caso, la siguiente familia, la siguiente historia de desgarro.

Atravesar el sistema me cambió. Me hizo más fuerte, pero también más receloso. Me enseñó que el amor no siempre basta, que la verdad no siempre gana, que la justicia no siempre se hace. Pero también me enseñó que la resistencia importa, que la esperanza sobrevive, que la historia no ha terminado mientras yo siga aquí, siga amando, siga luchando por mis hijas.

Si quieres saber qué se siente al pasar por el sistema de tribunales de familia, escucha a los padres que han sido borrados, a los niños que han sido divididos, a las familias que han sido quebradas. Escucha las historias que no llegan al expediente, el dolor que no aparece en el papeleo, el amor que sobrevive a pesar de todo.

Por qué el sistema se resiste al cambio

Si el daño es tan claro, ¿por qué el sistema sigue siendo el mismo? ¿Por qué los tribunales, los profesionales y los responsables de políticas públicas siguen permitiendo que la alienación ocurra, incluso mientras las familias se desgarran y los niños quedan con cicatrices para toda la vida?

Tradición e inercia

Los tribunales de familia están construidos sobre ideas viejas acerca de las madres, los padres, las familias y lo que los niños necesitan. El sistema fue diseñado hace décadas, cuando el mundo era distinto y los roles de los padres eran más rígidos. El cambio es lento, y los sistemas se resisten a admitir que han fallado. Los jueces y los abogados suelen apoyarse en el precedente, en "la forma en que las cosas siempre se han hecho", incluso cuando esas formas ya no sirven a los niños ni a las familias.

Incentivos financieros

El conflicto es rentable. Los abogados, los evaluadores e incluso algunos terapeutas se benefician de las batallas continuas. Cuanto más se alarga un caso, más dinero se gana. Hay pocos incentivos para resolver los casos con rapidez o para priorizar la sanación por encima de la victoria. La mediación y la crianza compartida son menos lucrativas que los litigios y las peleas por la custodia. El sistema recompensa la escalada, no la resolución.

Falta de formación y conciencia

Los jueces y los profesionales a menudo no están capacitados para reconocer la alienación o el abuso emocional. Se basan en estereotipos anticuados o en "corazonadas". Muchos nunca han oído hablar de la alienación parental, o la desestiman como un problema de "él dijo, ella dijo". Sin formación, el sistema no puede ver lo que está ocurriendo justo frente a él.

Miedo a equivocarse

Los tribunales temen tomar la decisión equivocada, así que por defecto optan por la cautela, lo que a menudo significa no hacer nada o ponerse del lado del progenitor que tiene al niño bajo su influencia. Los jueces temen que los culpen si un niño resulta dañado, así que se inclinan por el statu quo, incluso cuando el statu quo está dañando al niño.

Culpa y vergüenza

Admitir que el sistema está roto significa admitir que se ha dañado a niños bajo su vigilancia. Es más fácil culpar a los padres o decir que "cada caso es único" que afrontar la necesidad de una reforma. Los profesionales protegen su reputación, sus carreras y sus instituciones negando el problema o minimizando su impacto.

Burocracia y sobrecarga

Los tribunales de familia están desbordados. Los jueces tienen enormes cargas de trabajo, tiempo limitado y recursos limitados. Toman decisiones rápidamente, a menudo sin conocer la historia completa. El sistema está diseñado para la eficiencia, no para la empatía.

Las familias se convierten en números de expediente, no en personas.

Mi experiencia:

He visto todo esto de primera mano. He visto a jueces ignorar pruebas y a profesionales encogerse de hombros, mientras el sistema pasaba al siguiente caso y mi familia quedaba hecha pedazos. He escuchado las excusas, las justificaciones, las vacías promesas del "mejor interés". He aprendido que el cambio no vendrá desde arriba. Vendrá de los padres, de los niños, de aquellos de nosotros que nos negamos a guardar silencio.

Un llamado a la acción

Para mis hijas, para cada niño

Esta no es solo mi historia. Es la historia de cada progenitor que ha sido borrado, de cada niño al que le han enseñado a dudar, de cada familia que ha sido rota por un sistema que se suponía que debía protegerlos. El dolor es real.

El daño perdura. Pero el futuro aún no está escrito.

Para mis hijas:

Si alguna vez leen esto, sepan que nunca fueron olvidadas. Ni por un solo día. Ni por un solo aliento. Fueron amadas antes de nacer. Fueron amadas cada día que estuvieron lejos. Son amadas ahora, dondequiera que estén, sean quienes sean ahora. La puerta está abierta. La invitación sigue en pie. La verdad las espera, amable y paciente, lista para darles la bienvenida a casa.

No están definidas por las mentiras. No están definidas por el dolor. No están definidas por los años que perdimos. Están definidas por el amor que nunca dejó de alcanzarlas, por la fe que nunca dejó de creer en ustedes, por la esperanza que nunca dejó de esperarlas.

Para cada niño:

Mereces a ambos padres. Mereces verdad. Mereces seguridad. Mereces crecer libre de la carga del dolor de los adultos, libre de la presión de elegir bandos, libre de la confusión de historias que nunca fueron tuyas. Mereces saber que el amor es más fuerte que las mentiras, que la sanación es posible, que tu voz importa.

Para cada progenitor:

No te rindas. No dejes que el sistema te defina. No dejes que el silencio gane. Tu amor importa. Tu lucha importa. Tu historia importa. Mantén la puerta abierta. Mantén viva la invitación. Sigue creyendo que la sanación es posible, incluso después de años de dolor. Sigue confiando en que Dios ve lo que nadie más ve. Sigue amando, incluso cuando duele.

Para el sistema, para los legisladores, para los profesionales:

Escuchen. Aprendan. Cambien. El momento de la reforma es ahora. El momento de poner a los niños primero es ahora. El momento de reconocer el daño es ahora. El momento de construir un sistema que sane, no que solo tramite, es ahora. El momento de rendir cuentas es ahora.

Para todos los que se preocupan por las familias:

Alza la voz. Comparte la verdad. Exige un cambio. Apoya a los padres y a los niños que luchan por el vínculo, por la sanación, por la justicia. No apartes la mirada. No aceptes el statu quo. No dejes que otra generación crezca creyendo que el amor es opcional, que los padres son prescindibles, que la verdad no importa.

Este es mi llamado a la acción. Por mis hijos. Por cada niño. Por cada padre. Por cada familia. Por el futuro.

La historia no ha terminado. La lucha no ha terminado. La verdad sobrevive. Y el amor, el amor verdadero, es el eco más fuerte de todos.

Conclusión

La verdad que sobrevive

Algunos finales no son finales en absoluto. Son los lugares donde haces una pausa, recuperas el aliento y vuelves la vista al camino que has recorrido, cada milla marcada por la esperanza, el desgarro y la obstinada negativa a dejar ir el amor.

He pasado años luchando por mis hijos en un sistema que se suponía que debía protegernos. He visto cómo el proceso del tribunal de familia convertía mi vida en papeleo, mi amor en prueba, mi dolor en una nota al pie. He estado en salas de audiencias donde las acusaciones ahogaban mi voz, donde mi devoción se medía en horas y días festivos, donde las necesidades de mis hijos se perdían entre horarios y firmas.

He vivido el lento borrado de un padre. He sentido la punzada de que me llamaran por mi nombre de pila en vez de "papá". He enviado mensajes que quedaron sin respuesta, he hecho llamadas que jamás me devolvieron, he esperado ante puertas que nunca se abrieron. He visto cómo se llevaban a mis hijas cada vez más lejos, cómo reescribían sus recuerdos, cómo sustituían su confianza por la duda. He visto apagarse la luz de sus ojos, desvanecerse la alegría de su risa, desaparecer la certeza de su amor.

Hubo noches en que el silencio se sentía más pesado que el duelo. Noches en que me preguntaba si volvería a oír sus voces alguna vez, si alguna vez sería algo más que una sombra en sus vidas. Hubo días en que la esperanza parecía una necedad, en que el dolor parecía permanente, en que la lucha parecía interminable. Hubo momentos en que quise rendirme, cerrar la puerta, dejar que la historia terminara en silencio.

Pero no lo hice. No podía. Porque el amor no se rinde. El amor no desaparece. El amor espera, incluso cuando la espera duele. El amor perdona, incluso cuando el perdón parece imposible. El amor cree, incluso cuando lo único que te queda es creer.

He aprendido que la verdad no siempre es ruidosa. A veces es un susurro que sobrevive en el silencio, un recuerdo que se niega a ser borrado, una promesa que perdura frente a cada mentira. La verdad está en la manera en que estuve presente, incluso cuando me apartaban. La verdad está en la manera en que mantuve la puerta abierta, incluso cuando nadie la cruzó. La verdad está en la manera en que amé a mis hijos, no por lo que podían darme, sino por quienes son - hermosos, complejos, dignos de cada lucha.

El sistema nos falló. Me falló. Les falló a mis hijas. Les falló a miles de familias que confiaron en que las protegería. Falló en ver el daño, en oír el dolor, en honrar el amor que sobrevivió a pesar de todo. Pero el sistema no tiene la última palabra. La verdad sí.

Si estás leyendo esto y el sistema te ha herido, recuerda que no estás solo. Recuerda que tu amor importa. Recuerda que tu historia importa. Recuerda que el cambio es posible, aunque sea lento. Recuerda que el interés superior del niño no es solo una frase; es una promesa que debemos luchar por mantener.

No sé cuándo mis hijos volverán a casa. No sé cuándo cambiará el sistema. Pero sí sé que seguiré amando, seguiré hablando, seguiré luchando por la verdad. Sí sé que cada historia compartida, cada reforma exigida, cada acto de esperanza es un paso hacia la sanación.

Hay una clase de esperanza que sobrevive incluso a los inviernos más largos. No es ruidosa ni dramática. Es silenciosa, constante, persistente. Es la esperanza que te mantiene avanzando cuando el mundo te dice que te rindas. Es la esperanza que cree en el reencuentro, en el perdón, en la posibilidad de sanar. Es la esperanza que espera en la puerta, lista para el día en que tus hijos vuelvan a casa, no solo a tu casa, sino a tu corazón.

He aprendido que la sanación no es un destino. Es un camino. Es una serie de pequeños pasos, pequeñas victorias, pequeños actos de valentía y amor. Es la labor de reconstruir la confianza, de hacer las paces con el pasado, de elegir volver a vivir. Es la labor de encontrar sentido en el caos, belleza en lo quebrado, esperanza en el camino.

He aprendido que el amor es más fuerte que las mentiras, que la verdad es más fuerte que la manipulación, que la fe es más fuerte que el miedo, que Dios es más fuerte que cualquier sistema. He aprendido que la historia no ha terminado mientras yo siga aquí, siga amando, siga creyendo.

Así que esta es mi promesa a mis hijas, a cada niño, a cada progenitor que ha sido borrado: no me rendiré. No dejaré que el silencio gane. No dejaré que el sistema me defina. Mantendré la puerta abierta. Mantendré viva la invitación. Seguiré creyendo que la sanación es posible, que la verdad sobrevive, que el amor perdura.

Algunas historias no terminan. Resuenan. Y el amor, el amor verdadero, es el eco más fuerte de todos.

PASOS PRÁCTICOS PARA PADRES QUE ENFRENTAN ALIENACIÓN PARENTAL Y FRACASO DEL TRIBUNAL DE FAMILIA

1. Documenta todo

Por qué importa:

Los tribunales responden a las pruebas, no a las emociones. La alienación suele ser sutil, así que necesitas un registro claro.

Cómo hacerlo:

- Mantén un diario de cada interacción con tu hijo y con el otro progenitor: fechas, horas, lo que se dijo y lo que ocurrió.
- Guarda todos los mensajes de texto, correos electrónicos, mensajes de voz y mensajes en redes sociales.
- Registra las visitas perdidas, las llamadas canceladas y cualquier interferencia con tu tiempo de convivencia.
- Anota los cambios en el comportamiento, el

lenguaje o la actitud de tu hijo, especialmente si empieza a repetir las palabras del otro progenitor.

Mi experiencia:

Aprendí por las malas que los recuerdos se desvanecen y que las historias se tergiversan. Mi diario se convirtió en mi salvavidas en el tribunal, incluso cuando sentía que nadie estaba escuchando.

2. Mantén la calma y sé constante.

Por qué importa:

La alienación se alimenta del conflicto. Cuanto más reacciones con ira, más fácil le resultará al otro progenitor hacerte pasar por una persona inestable.

Cómo hacerlo:

- Responde a las provocaciones con un lenguaje sereno y basado en hechos.
- Nunca hables mal del otro progenitor delante de tu hijo, incluso si te están atacando.
- Preséntate a cada visita, llamada o evento programado, incluso si tu hijo se resiste o el otro progenitor interfiere.
- Sé la presencia segura y constante en la que tu hijo pueda apoyarse.

Mi experiencia:

Hubo días en que quise gritar, pelear, defenderme. Pero aprendí que mis hijas necesitaban que yo fuera la calma en medio de la tormenta, no otra fuente de caos.

3. Busca apoyo profesional.

Por qué importa:

La alienación es abuso emocional. Puede que tú y tu hijo necesiten ayuda para sanar y afrontar la situación.

Cómo hacerlo:

- Busca un terapeuta que entienda la alienación parental y el divorcio de alto conflicto.
- Pide al tribunal terapia de reunificación o terapia familiar.
- Únete a grupos de apoyo para padres alienados, en línea o en tu comunidad.
- Infórmate sobre la alienación, el trauma y la recuperación.

Mi experiencia:

La terapia me ayudó a sobrevivir los días más oscuros. Los grupos de apoyo me recordaron que no estaba solo. La información me dio palabras para lo que estaba ocurriendo.

4. Defiende a tu hijo ante el tribunal

Por qué importa:

El sistema tarda en reconocer la alienación. Debes ser la voz de tu hijo.

Cómo hacerlo:

- Presenta tu documentación de manera clara y respetuosa.
- Solicita una evaluación de custodia realizada por un profesional capacitado en alienación parental.
- Pide órdenes judiciales que protejan tu tiempo de convivencia y sancionen la interferencia.
- Si es posible, solicita la presunción de crianza compartida, a menos que haya pruebas claras de peligro.

Mi experiencia:

Tuve que luchar por cada hora, cada festividad, cada llamada telefónica. El sistema no me lo puso fácil, pero la perseverancia marcó la diferencia.

5. Construye puentes, no muros

Por qué importa:

Los niños necesitan a ambos padres. La sanación es posible, incluso después de años de alienación.

Cómo hacerlo:

- Mantén la puerta abierta para tu hijo, sin importar cuánto dure el silencio.
- Envía mensajes, tarjetas y recordatorios de tu amor, incluso si no obtienes respuesta.
- Cuando tu hijo regrese, concéntrate en reconstruir la confianza, no en volver a remover el pasado.
- Perdónate a ti mismo y a tu hijo por lo que se perdió. La sanación lleva tiempo.

Mi experiencia:

El día que mi hija volvió a llamarme "papá" valió la pena cada mensaje sin respuesta, cada festividad dolorosa, cada noche en vela. El amor espera. El amor perdona.

6. Impulsa un cambio sistémico

Por qué importa:

Tu historia puede ayudar a otros. El sistema solo cambiará si lo exigimos.

Cómo hacerlo:

- Comparte tu experiencia con legisladores, jueces y grupos de defensa.
- Apoya a las organizaciones que luchan por la reforma del tribunal de familia y la crianza compartida.

- Educa a tus amigos, a tu familia y a tu comunidad sobre las realidades de la alienación.
- Exige capacitación, rendición de cuentas y transparencia en los tribunales.

Mi experiencia:

Contar mi historia fue difícil, pero le dio un propósito a mi dolor. Cada voz importa. Cada historia es un llamado al cambio.

7. Cuídate

Por qué es importante:

La alienación es agotadora. No puedes ayudar a tu hijo si estás destrozado.

Cómo hacerlo:

- Prioriza tu salud mental y física.
- Apóyate en los amigos, la fe y la comunidad.
- Permítete hacer tu duelo, pero no dejes que el duelo te defina.
- Recuerda: sigues siendo padre, sigues siendo digno de amor, sigues siendo capaz de sanar.

Mi experiencia:

Hubo días en que sentí que quería rendirme. Pero aprendí que el autocuidado no era egoísmo; era supervivencia.

8. Nunca abandones la esperanza

Por qué es importante:

La alienación parece permanente, pero no lo es. Los niños crecen, aprenden y a veces regresan.

Cómo hacerlo:

- Sigue creyendo en la capacidad de tu hijo para ver la verdad.
- Confía en que el amor deja una huella, incluso cuando está oculto.
- Prepárate para la reunificación, cuando llegue.
- Ten presente que tu historia no ha terminado.

Mi experiencia:

La esperanza me mantuvo con vida. La esperanza me mantuvo amando. La esperanza me mantuvo esperando en la puerta, listo para el día en que mis hijas regresaran a casa.

Organizaciones de apoyo & grupos de defensa

1. **National Parents Organization (NPO)**

- https://nationalparentsorganization.org
- Defensa de la crianza compartida, de la reforma del tribunal de familia y recursos para padres alienados.

2. **Parental Alienation Awareness Organization (PAAO)**

- https://www.paawareness.com
- Educación, apoyo y campañas globales de concienciación sobre la alienación parental.

3. **Divorce Poison / Dr. Richard Warshak**

- https://warshak.com
- Experto líder en alienación; ofrece libros, artículos y recursos de reunificación

4. **Stand Up For Gus**

- https://standupforgus.com
- Defensa y apoyo para padres que luchan por tener acceso a sus hijos.

5. **Families United Action Network (FUAN)**

- https://fuan.org
- Organización de base centrada en la reforma del derecho de familia y el apoyo a padres alienados.

Libros & recursos educativos

1. **"Divorce Poison" del Dr. Richard Warshak**

- Guía práctica para padres que enfrentan alienación, con estrategias de comunicación y sanación.

2. **"Adult Children of Parental Alienation Syndrome" by Dr. Amy J. L. Baker**

- Investigación e historias de adultos que sobrevivieron a la alienación, con consejos para padres.

3. **"Co-Parenting with a Toxic Ex" by Amy J. L. Baker and Paul Fine**

- Herramientas para gestionar la crianza compartida de alto conflicto y proteger el bienestar de tu hijo.

4. **"The High-Conflict Custody Battle" by Kathleen M. Reay**

- Estrategias legales y emocionales para padres en casos de custodia contenciosos.

Comunidades en línea & foros

1. **Reddit: r/ParentalAlienation**

- https://www.reddit.com/r/ParentalAlienation/
- Apoyo mutuo, historias y consejos de padres de todo el mundo.

2. **Grupos de Facebook**

- Busca "Parental Alienation Support" o "Alienated Parents" para encontrar comunidades activas y moderadas.

3. **The Parental Alienation Study Group (PASG)**

- https://pasg.info Red internacional de profesionales y padres que comparten investigación y recursos.

Recursos legales & terapéuticos

1. **The American Academy of Matrimonial Lawyers (AAML)**

- https://aaml.org
- Encuentra abogados de derecho de familia con experiencia en casos de alienación.

2. **Proveedores de terapia de reunificación**

- Pide a tu tribunal local o a tu terapeuta familiar referencias de especialistas en terapia de reunificación.

3. **The Association of Family and Conciliation Courts (AFCC)**

- https://www.afccnet.org
- Organización profesional para jueces, abogados y terapeutas, centrada en la reforma del Tribunal de Familia.

Apoyo en crisis & salud mental

1. **Línea Nacional de Prevención del Suicidio**

- https://988lifeline.org | Llama o envía un mensaje de texto al 988
- Para padres en crisis o que luchan contra la depresión y la desesperanza.

2. **Buscador de terapeutas de Psychology Today**

- https://www.psychologytoday.com/us/therapists
- Busca terapeutas especializados en sistemas familiares, trauma y alienación.

Cómo usar estos recursos

- **Busca apoyo:** No estás solo. Conectar con otros puede ayudarte a encontrar esperanza y consejos prácticos.
- **Infórmate:** El conocimiento es poder. Entender la alienación y el sistema legal te ayuda a defender a tu hijo.
- **Busca ayuda profesional:** Los expertos legales y terapéuticos pueden guiarte a través del proceso y apoyar la sanación.
- **Comparte tu historia:** La defensa y la reforma empiezan con voces como la tuya.

EPÍLOGO: LA ORACIÓN FINAL DE UN PADRE

Si estás leyendo esto, ya seas mi hija o un padre o una madre que atraviesa su propia tormenta, quiero que sientas esto en los huesos: se te amó mucho antes de que lo supieras, mucho después de que lo dudaras, y se te ama todavía, sin condiciones, sin límites, sin fin. Esta historia nació del dolor, pero fue sostenida por el amor, un amor que se negó a morir, se negó a ser borrado, se negó a rendirse ante las mentiras, la distancia o el tiempo. Esta no es la historia de un padre perfecto. Es la historia de un padre que se quedó, un padre que oró durante noches que parecían interminables, un padre que se aferró a la esperanza cuando el mundo le dijo que la soltara, un padre que libró batallas que nadie vio en los tribunales y en su propio corazón, un padre que fue quebrado, pero nunca destruido, un padre que amó a sus hijos más que a su propio aliento.

Y si eres mi hija, si tus ojos alguna vez se posan sobre estas páginas, quiero que sepas algo que ha vivido dentro de mí desde el día en que naciste: nunca fuiste mi error, nunca fuiste mi carga, nunca fuiste mi pesar. Fuiste mi milagro. Incluso cuando estabas lejos, incluso cuando no podías oírme, incluso cuando creías cosas que no eran verdad, incluso cuando pensabas que no me importaba, te llevé conmigo. En mis oraciones. En mis recuerdos. En mis esperanzas. En los espacios silenciosos de mi corazón, donde ninguna mentira podía llegar. Nunca dejé de amarte, ni por un momento, ni por un aliento, ni por un latido. Y si la vida alguna vez te devuelve a mí, aunque sea para una sola conversación, un solo abrazo, un solo momento de verdad, te recibiré con el mismo amor con el que te sostuve por primera vez en mis brazos. Sin ira. Sin juicio. Sin amargura. Solo amor. Porque eso es lo que el amor de un padre está destinado a ser: no perfecto, no exento de dolor, pero incondicional.

A cada padre, a cada madre que lea esto, a cada madre y a cada padre que ha sido borrado, silenciado o apartado, quiero que escuches esto con claridad: importas. Tu amor importa. Tu verdad importa. Tu lucha importa. No eres invisible. No has sido olvidado. No estás solo. Tu historia no ha terminado. El corazón de tu hijo o hija no está perdido. Tu amor no es en vano. Y un día, quizá antes de lo que esperas o después de lo que anhelas, la verdad se alzará. Porque las mentiras pueden durar años, pero la verdad dura para siempre. Porque la alienación puede robar tiempo, pero no puede robar el vínculo que Dios creó. Porque el silencio puede separar a las personas, pero no puede separar las almas. Y porque el amor, el amor verdadero, el amor inquebrantable, el amor de un padre, siempre encuentra el camino de regreso a casa.

Esta es mi oración final: que mis hijas conozcan la verdad. Que sientan el amor que nunca las dejó. Que sanen de las heridas que nunca merecieron. Que encuentren el camino de regreso, no solo hacia mí, sino hacia sí mismas. Y que cada padre o madre que lea esto encuentre la fuerza para seguir adelante, la fe para seguir creyendo y la esperanza para seguir amando incluso cuando el mundo intenta arrebatarlo todo. Porque el amor es más fuerte que las mentiras. Porque la verdad es más fuerte que el miedo. Porque eres más fuerte de lo que sabes. Y porque esta historia, tu historia, mi historia, nuestra historia, no ha terminado. Todavía no.

NOTA DEL AUTOR

Este libro no fue escrito desde la comodidad. Fue escrito desde los lugares más profundos de mi corazón, los lugares moldeados por la pérdida, la resistencia, la fe y un amor que se negó a morir.

No escribí estas páginas para reabrir heridas. Las escribí para mostrar cómo se ve la sanación cuando el mundo te da todas las razones para rendirte. Las escribí para mostrar todo lo que el amor de un padre puede resistir. Las escribí para mostrar que la verdad no desaparece solo porque alguien intente enterrarla.

Hubo días en que no creí que llegaría al siguiente amanecer. Días en que el silencio se sentía como un peso sobre mi pecho. Días en que las mentiras sonaban más fuerte que mi propia voz. Días en que me preguntaba si mis hijas alguna vez conocerían la verdad. Días en que cuestionaba si mi historia siquiera importaba.

Pero cada vez que llegaba al borde de mí mismo, algo me traía de vuelta. A veces era la fe. A veces era la memoria. A veces era el susurro silencioso de la esperanza. Y a veces era la simple verdad de que mis hijas seguían ahí afuera, viviendo en un mundo que les había robado a su padre. Escribí este libro para ellas. Lo escribí para que un día, cuando estén listas, tengan un lugar al que regresar. Un lugar donde vive la verdad. Un lugar donde mi amor está escrito con tinta que no puede borrarse. Un lugar donde por fin puedan ver al hombre que siempre fui.

Pero también escribí este libro para ti: para el progenitor que se siente invisible, para el progenitor que llora a puerta cerrada, para el progenitor que ha sido borrado por mentiras, para el progenitor que ha sido silenciado por un sistema que no escucha, para el progenitor que se pregunta si su hijo alguna vez conocerá la verdad, para el progenitor que apenas se sostiene de un hilo. Si te encontraste en estas páginas, quiero que sepas algo que me llevó años entender:

Tu historia importa. Tu amor importa. Tu verdad importa. Tu resistencia importa. Tu fe importa, y eres más fuerte de lo que crees. La alienación es una tormenta que intenta convencerte de que no tienes poder. Pero no estás indefenso. Eres un padre o una madre. Y el amor de un padre o una madre es una de las fuerzas más poderosas sobre la tierra. Este libro no es un manual. No es una guía. No es una lista de pasos a seguir. Es un testimonio. Da fe. Es un recordatorio de que, incluso en las estaciones más oscuras, Dios sigue obrando, la verdad sigue viva y el amor sigue siendo más fuerte que cada mentira jamás contada. Si eres un padre o una madre que atraviesa su propia tormenta, espero que estas páginas te den fuerza. Espero que te den valor. Espero que te recuerden que no estás solo. Y espero que te den la fe para creer que tu historia no ha terminado. Si eres mi hija y estás leyendo esto, quiero que sepas que cada palabra de este libro fue escrita con amor. No con ira. No con amargura. No con culpa. Solo amor. Ustedes fueron la razón por la que sobreviví. Ustedes fueron la razón por la que seguí adelante. Ustedes fueron la razón por la que escribí esta historia. Y siempre serán la razón por la que oro por el mañana. Esta es mi Nota del autor. No es una conclusión, sino un comienzo.

Un comienzo para ti. Un comienzo para mí. Un comienzo para cada corazón que encuentra su camino hacia estas páginas. Que esta historia te recuerde que la verdad se alza. Que te recuerde que el amor perdura. Que te recuerde que la sanación es posible. Y que te recuerde que, por mucho que dure el invierno, la primavera siempre llega.

Con todo mi corazón,

Cooper Thomas

SOBRE EL AUTOR

Cooper Thomas no es solo un escritor; es un chef profesional cuya vida ha sido forjada por un fuego mucho mayor del que cualquier cocina podría producir. Durante años, construyó su carrera con sus manos, su disciplina y su pasión por crear consuelo a partir de ingredientes crudos. Pero nada puso más a prueba su fortaleza que el fuego que atravesó como padre: el dolor silencioso y devastador de la alienación parental.

Este libro no fue escrito desde una oficina ni desde un retiro tranquilo. Fue escrito desde el corazón de un padre: un corazón que soportó acusaciones, distancia y años de ser borrado de la vida de las hijas que amaba por encima de todo. En cada turno, en cada noche hasta tarde, en cada momento de agotamiento, Cooper llevó a sus hijas consigo. Ellas fueron la razón por la que siguió adelante. Ellas fueron la razón por la que se negó a desaparecer.

El padre que intentaron borrar es su primer libro, pero es más que unas memorias. Es un testimonio de resiliencia, fe y del poder inquebrantable del amor de un padre. Cooper escribe con la misma honestidad e intensidad que lleva a su oficio de chef: crudo, real y profundamente humano. Sus palabras están sazonadas con verdad, marinadas en dolor y servidas con la clase de esperanza que solo puede nacer de sobrevivir a lo inimaginable.

Espera que su historia llegue a toda madre o padre que alguna vez se haya sentido silenciado, a todo hijo que alguna vez haya quedado atrapado en medio, y a todo corazón que necesite saber que el amor puede sobrevivir incluso a las tormentas más oscuras.

www.ingramcontent.com/pod-product-compliance
Lightning Source LLC
LaVergne TN
LVHW090316210926
848480LV00001B/270